La Croix et l'Epée

Saints
Militaires et Soldats
Français

PAR

CHARLES D'HALLENCOURT

ILLUSTRATIONS
DE BROSSÉ LE VAIGNEUR

C. PAILLART   IMPRIMEUR-ÉDITEUR   ABBEVILLE . SOMME.

SAINTS MILITAIRES

ET

SOLDATS FRANÇAIS

PREMIÈRE SÉRIE

A TRAVERS NOTRE HISTOIRE

La Croix et l'Épée

Saints
Militaires et Soldats
Français

PAR

CHARLES D'HALLENCOURT

ILLUSTRATIONS
DE BROSSÉ LE VAIGNEUR

C. PAILLART IMPRIMEUR-EDITEUR ABBEVILLE . SOMME.

A la mémoire du Général de SONIS

C'est à vous, humble et glorieux général de Sonis, c'est à votre mémoire que je dédie ce travail destiné aux jeunes générations de la France chrétienne.

Dans ce siècle d'abaissement moral, il est bon, il est nécessaire, de faire revivre les noms immortels des grands soldats français qui ont mis leur épée sous la garde de la Croix.

Il est bon, il est nécessaire, de mettre sous les yeux du soldat français l'histoire des illustres patrons de l'armée :

MAURICE, SÉBASTIEN ET GEORGES.

Il est bon, il est nécessaire, de rappeler à tous le cri sublime de votre héroïsme au service de votre foi :

« *Quand on a Dieu dans le cœur, on ne capitule jamais, jamais !* »

Il y a bien des manières de transiger et bien des ennemis devant lesquels on recule ! Notre époque enregistre de tristes et nombreuses capitulations. De nobles intelligences, parce qu'elles s'éloignent de Dieu, baissent les armes devant l'impiété, devant la fortune, devant le respect humain, devant l'opinion publique, devant le sacrifice sous quelque forme qu'il se présente ! Mais on ne lit pas, dans les rangs des transfuges, les noms de ceux qui ont *vraiment* Dieu dans le cœur !

« Le soldat, disiez-vous, doit être chrétien franchement, ouvertement, à la face du ciel et de la terre, *loyalement enfin, comme il convient à un homme d'honneur et de cœur.* »

Héroïque défenseur de toutes les grandes causes, vous en êtes devenu en quelque sorte le martyr !

Permettez que, sans devancer le jugement de l'Eglise et dans un respect tout filial de ses suprêmes décrets, nous implorions votre intercession puissante sur nos modestes écrits ; mais surtout sur la jeunesse française, et sur cette armée chrétienne de l'avenir, qui sauvera la patrie si elle sait, comme vous, faire à la France le sacrifice de sa vie, mais jamais celui de son âme et de son honneur !

SAINTS MILITAIRES
ET SOLDATS FRANÇAIS

CHAPITRE PREMIER

Les Patrons de l'Armée.

I

« La souffrance trempe l'homme, comme le fer trempe l'acier (1). »

Les souffrances donnent à celui qui les endure, une grandeur incontestable, même humainement parlant ; et il est vrai de dire qu'une sorte d'auréole entoure le front de ceux qui ont souffert. Si cette vertu de la douleur élève l'homme en général, que dire de ces héros, nos aïeux, nos modèles, nos compatriotes, peut-être nos amis ou nos frères, dont les souffrances glorieuses et la mort prématurée ont revêtu le caractère sacré du *sacrifice*.

« La plus grande preuve d'amour est de donner sa vie pour ses amis. »

Cette vie dont l'égoïsme est si avare, cette vie à laquelle le plus noble cœur est si attaché (car c'est le bien suprême ici-bas, et que l'homme n'était pas fait pour mourir), voilà que des milliers de braves, de toute condition, de

---

(1) DE MAISTRE.

tout âge, l'offrent sans cesse à la *Patrie !* Ils l'immolent, non pas une fois et dans l'ivresse du champ de bataille, mais ils font du *sacrifice* la loi de leur existence. Ils se condamnent par choix à toutes les exigences de leur noble carrière, aux fatigues de marches incessantes comme à l'ennui des garnisons, aux luttes lointaines contre les barbares africains, comme à la répression plus pénible de compatriotes égarés.

Leur volonté, elle est soumise à celle du chef qu'on leur impose, et ils ne mettent d'autres bornes à leur obéissance que celles de *l'honneur !*

« Les sociétés anciennes connaissaient à peine le mot *sacrifice.* L'idée que représente ce mot est toute chrétienne (1). »

Grand et noble métier que celui des armes ! Grand et noble mot que celui de *service !* Il n'est employé sans qualificatif, que pour exprimer le dévouement du guerrier à la Patrie, et, dans un sens plus élevé encore, celui de l'homme à Dieu ! Dans l'un et l'autre cas, il est vrai de dire : « Nous servons un maître qui ne veut pas être mis en question. »

Dieu et la Patrie ont droit à notre vie ! Dieu et la Patrie nous en demandent à tout instant le sacrifice en détail, jusqu'au jour où le dernier de tous nous assurera l'*immortelle récompense !*

Milice, synonyme de vaillante armée toujours prête à combattre.

Eglise militante, synonyme de l'état du chrétien ici-bas, toujours en lutte contre les ennemis du dedans et contre ceux du dehors ; mais aussi *milice* assurée de la victoire et du triomphe, quand elle met son *épée* au service et sous la garde de la *Croix !*

---

(1) Général AMBERT.

Elle embrasse tous les temps, la glorieuse histoire des soldats-héros ; elle a ses patrons et ses protecteurs, cette vaillante armée française, toujours prête à défendre les saintes causes et partout disposée à mourir pour elles !

On sait que le premier païen converti fut un *soldat* : le centurion Corneille. Descendant des Cornelii, des Gracques et des Scipions, Corneille était juste et craignant Dieu. C'est à ce *brave* et à ce *juste* que saint Pierre, chef de l'Eglise, est envoyé par Dieu même ; il l'instruit, le baptise et *saint Corneille* prémices de la gentilité, sera le plus ancien patron de l'armée.

II

Saint Maurice.

Depuis deux siècles, le christianisme se répandait partout ; dans l'armée impériale des légions entières avaient connu et embrassé la foi. L'empereur Maximien cependant voulait à tout prix éloigner ses soldats de l'influence chrétienne, au moment où il marchait contre les Bagaudes, peuple belge dont la plupart des chefs étaient chrétiens.

L'empereur païen ne fut cependant pas en cette circonstance aussi coupable que les chefs de notre triste époque ; car il était encore idolâtre, n'ayant aucune idée de la religion véritable ; de plus il ne travaillait pas (comme eux, hélas !) à écarter de l'armée l'idée de Dieu. Au contraire, les expéditions des Romains étaient précédées de sacrifices et de prières ; mais, plongés encore dans les ténèbres de l'erreur, ils cherchaient la divinité là où elle n'est pas.

Maximien s'était arrêté, en traversant les Alpes, dans un village nommé Octodure, aujourd'hui Saint-Maurice en Valais, pour laisser quelque repos à ses troupes. Il fut rejoint en cet endroit par la légion Thébaine, envoyée d'Orient pour grossir les forces romaines. Cette légion, tout entière composée de chrétiens, avait reçu ses cantonnements à Tarnade, depuis Agaune ; ils étaient six mille six cents soldats sous les armes, intrépides dans les combats, d'un courage invincible et fort attachés à l'empereur, qu'ils regardaient comme représentant de Dieu. Animés de sentiments généreux, et d'une noble émulation pour se signaler contre les ennemis de l'empire, ils attendaient l'ordre de marcher. Mais, au lieu de les envoyer à la guerre, c'est à la recherche des chrétiens que l'empereur veut employer leur courage. Les nobles cœurs de ces vaillants soldats se refusent à une pareille besogne ; la charité qui les unit à leurs frères, la foi qui les anime, leur donnent le vrai courage : pour la première fois, ils refusent d'exécuter les ordres donnés et s'arrêtent dans la vallée, à cette vaste plaine qu'entourent les Alpes avec leurs cîmes neigeuses. Avant d'y arriver, ils avaient dû franchir des sentiers escarpés et étroits, car le Rhône dans son cours impétueux laisse à peine sur sa rive un chemin pour le voyageur.

La légion Thébaine était à soixante milles environ de la ville actuelle de Genève, à quatorze du lac Léman ; c'est là que les six mille six cents chrétiens reçurent les ordres impies de l'empereur. Maximien, n'écoutant que sa colère, fit décimer une première fois cette héroïque phalange ; les soldats armés prêtent le cou aux bourreaux et s'exhortent mutuellement au martyre. Une seconde exécution n'ébranle point leur courage ; au contraire

SAINT MAURICE, PATRON DES SOLDATS

« A vous le service militaire, à Dieu l'hommage de notre vie. »

les couronnes suspendues sur leurs têtes, les palmes déjà cueillies par leurs frères, enflamment leurs désirs.

Maurice, leur chef, Exupère, intendant du camp et Candide, prévôt des soldats, soutiennent leur foi ; ils proposent d'envoyer une députation à l'empereur et rédigent une réponse admirable dont l'histoire a conservé le texte :

« ..... A vous, ô Empereur, disent les soldats chrétiens, nous devons le service militaire ; à Dieu, l'hommage d'une vie innocente... Nous vous offrons nos bras contre l'ennemi, quel qu'il soit ; mais nous tenons que c'est un crime de les tremper dans le sang des innocents désarmés, et soumis fidèlement à votre empire. C'est pour protéger nos concitoyens, non pour les frapper sans motif, que nous avons pris les armes... Nous avons juré de vous être fidèles, mais les premiers serments c'est à Dieu que nous les avons faits : ne comptez pas sur la fidélité de ceux qui trahiraient ces serments augustes... Ne nous réduisez pas par vos ordres à la triste obligation d'offenser Dieu, et vous nous trouverez comme toujours, prêts à suivre vos enseignes et à vous donner notre sang... Nous ne sommes point des rebelles ; nous ne sommes point armés contre vous... au contraire : nous avons des armes et nous ne résistons pas. Mais nous sommes chrétiens, et nous choisissons de mourir innocents plutôt que de vivre coupables. »

Maximien, en recevant cette noble protestation, aveuglé par la haine du nom chrétien, aima mieux priver son armée d'un si grand nombre de soldats courageux, que de reculer devant le Christ vainqueur. Entourés par les soldats qui devaient massacrer la légion tout entière, les héros déposèrent leurs armes ; la plupart se mettant à genoux recevaient la mort dans l'attitude du sacrifice ; pas un seul ne songeait à se défendre, dans un moment où la résistance de six mille hommes aurait pu causer à l'empereur plus d'un grave embarras.

Pendant que les troupes païennes se livraient aux orgies d'un grand festin pour célébrer la perte de la légion Thébaine, un illustre vétéran, Victor, qui avait obtenu son congé, passait par hasard dans cet endroit ; invité à partager la joie des convives, il se déclara hautement chrétien et fut massacré sur le corps même des martyrs.

Le chef de la légion Thébaine, *saint Maurice,* est partout regardé comme le patron et le protecteur des armées et des soldats.

Les corps des bienheureux martyrs furent découverts par révélation à saint Théodore, évêque de Sion en Valais, et plusieurs miracles furent constatés sur le lieu de leur sépulture.

Notre grand saint Martin, s'étant rendu en pèlerinage à Agaune, désirait beaucoup posséder quelques-unes des reliques de ces pieux soldats ; mais n'ayant pu en obtenir des moines, il se mit en prière sur le sol, à l'endroit même où ils avaient été immolés ; puis il enleva un morceau de cette terre arrosée autrefois du sang précieux des martyrs. Aussitôt la terre détrempée miraculeusement, laissa découler une si grande abondance de sang qu'on put en recueillir dans une fiole, et le distribuer à plusieurs églises.

De la Suisse, le culte de saint Maurice et de ses compagnons passa dans les Gaules ; il a été invoqué par les soldats dans toutes les guerres pour obtenir la victoire sur les ennemis ; les églises, élevées sous son nom dans le monde entier, sont presque innombrables ; des sociétés militaires ayant pour but d'assister les malades, les veuves et les orphelins de l'armée, ont rendu longtemps d'importants et charitables services à leurs frères d'armes.

Le sanctuaire d'Agaune, disent les Bollandistes, s'élevait à l'entrée du principal passage des Alpes, là où le Rhône, après avoir franchi la première étape de sa course, s'échappe des gorges du Valais et précipite ses eaux bourbeuses dans le limpide azur du lac de Genève. Il était destiné à honorer l'emplacement du martyre de saint Maurice et de la légion Thébaine, qui s'étaient arrêtés là pour y recevoir le martyre. Leurs reliques furent recueillies et déposées dans une église, plus d'une fois écrasée par les éboulements de rochers. Agaune a pris et gardé le nom de Saint-Maurice ; l'abbaye confiée depuis le XIIe siècle aux chanoines Réguliers de Saint-Augustin, existe encore. Cent moines avaient été détachés de l'abbaye de Condat, au VIe siècle, pour habiter Saint-Maurice qui fut dès lors la métropole monastique de la Bourgogne. Lorsque le roi Sigismond eut abjuré l'hérésie, il désira, pour expier son crime et se rendre agréable à Dieu, élever en l'honneur des martyrs une basilique plus considérable. L'évêque saint Théodore prononça un beau discours : « Ce lieu, dit-il, a été consacré par le sang des bienheureux martyrs. Ces exilés que leur patrie terrestre condamnait, ont ici donné l'exemple du plus héroïque courage. Foulant aux pieds le monde et ses caduques espérances, sans songer ni à leur jeunesse, ni aux parents qu'ils laissaient ici-bas, ils sont morts pour l'amour du Christ et ils ont été sanctifiés par lui. »

« — Que n'étais-je avec eux ! s'écria Sigismond. Je me fusse associé à leur martyre et je serais aujourd'hui leur compagnon de gloire ! Mais dites-moi comment je pourrais assez honorer leur mémoire. »

Les évêques proposèrent au roi de laisser dans la basilique les reliques des quatre chefs dont on avait conservé les noms ; et d'élever, pour y réunir les corps des soldats-martyrs, une autre église où serait établie la psalmodie perpétuelle. « C'est, dit M. de Montalembert (dans son premier vol. des *Moines d'Occident*), ce qu'on appelait le *Laus perennis* (louange excellente). Les donations de Sigismond permirent au monastère d'Agaune d'avoir ainsi jusqu'à neuf cents religieux qui, divisés en neuf chœurs, y chantaient alternativement et sans interruption les louanges de Dieu et des martyrs. Le grand monastère bourguignon ne fut pas le seul d'où jaillissait ce flot de prières qui ne se taisait ni jour ni nuit. »

« Le *Laus perennis*, cette psalmodie ininterrompue dont notre adoration perpétuelle nous a retracé l'image, était inaugurée pour des siècles (Darras). »

Voilà comment Dieu glorifie ses saints, comment l'Eglise catholique honore le tombeau et les reliques d'obscurs soldats morts depuis quinze siècles, mais tombés pour l'honneur de la foi !

III

Saint Sébastien.

Saint Sébastien partage avec saint Maurice la mission de protéger le soldat ; il semble particulièrement le modèle de ceux qui, placés entre la possibilité de choisir sans déshonneur la mort ou l'éloignement de la milice, ont *préféré* une *mort glorieuse* à un repos d'ailleurs permis, et autorisé par la violence même des persécutions.

L'époque du martyre de saint Sébastien est incertaine, mais les circonstances en sont si héroïques qu'il a été surnommé le *défenseur de l'Eglise*.

Les Eglises des Gaules, fondées dès les temps apostoliques, avaient reçu la foi des disciples de saint Pierre et de saint Paul. On sait que Lazare ressuscité par Notre-Seigneur, fut après la Pentecôte persécuté par les Juifs, abandonné sur un vaisseau sans voiles, sans rames et sans provisions à la merci des flots.

Mais Dieu veillait sur *son ami !* Il veillait aussi sur la France, première fille de son Eglise et de son Cœur.

La barque que montait Lazare avec ses deux sœurs, Marthe et Marie, et sainte Marcelle, leur servante, aborda miraculeusement à Marseille. Lazare y prêcha la foi, en devint le premier évêque, pendant que le proconsul de Paphos, Sergius Paulus, premier disciple de saint Paul, était envoyé à Narbonne. Le peuple gaulois embrassait en masse la vraie religion ; tandis que de nobles guerriers appelés sous les drapeaux de l'Empire Romain, prêchaient Jésus-Christ par une vie tout embaumée de charité, de soumission aux chefs et de vertus morales absolument inconnues aux païens, et gagnaient tous les jours de nouveaux disciples à l'Evangile.

Entre les plus fervents se distinguait, dans l'armée impériale, le capitaine d'une compagnie des gardes prétoriennes, nommé Sébastien, originaire de Narbonne, dans les Gaules. Il visitait les chrétiens emprisonnés pour la foi, les servait de son crédit et de l'influence que lui donnait son grade, encourageait les faibles, exhortait les païens qu'il convertissait en grand nombre par ses exemples et sa parole. Le préfet même de Rome, nommé Chromace, toute sa famille, ses clients et ses esclaves au nombre de quatorze cents personnes, reçurent le baptême par ses soins.

Cependant les progrès du christianisme portaient ombrage à Maximien-Hercule. Pour éviter une persécution ouverte, Chromace, que sa qualité de sénateur retenait à Rome, obtint, sous prétexte de rétablir sa santé, la permission de se retirer dans ses terres de Campanie. Le jour de la séparation étant arrivé, le Pape saint Caïus vint offrir une dernière fois le saint sacrifice dans cette maison bénie, qui était devenue un temple pour les néophytes. Prenant ensuite la parole : « Notre-Seigneur Jésus-Christ, dit-il, connaissant la fragilité humaine, a établi deux degrés parmi ceux qui croient en lui, les confesseurs et les martyrs ; afin que ceux qui ne se croient pas assez forts pour supporter le poids de la persécution se retirent, et, laissant la principale gloire aux soldats du Christ, puissent du moins les assister dans leurs combats : que ceux donc qui le désirent, suivent dans leur retraite Chromace et son fils Tiburce ; que ceux qui en ont le courage, demeurent avec moi dans la ville. La distance ne saurait séparer des cœurs unis par la grâce de Jésus-Christ ; et si nos yeux ne peuvent plus vous voir, vous serez sans cesse présents au regard intérieur de notre âme. » C'était Gédéon, ne prenant au combat que les plus braves !

Tiburce, en entendant ces paroles, s'écria : « Je vous en conjure, ô Père, ne m'ordonnez pas de fuir la persécution. Tout mon désir est de donner ma vie pour mon Dieu. Puissè-je en avoir mille à lui offrir. » Le Pape saint Caïus se rendit avec larmes aux instances de ce noble jeune homme et l'assemblée se sépara.

Le capitaine Saint Sébastien demeura avec le Pape ; et Castulus, un autre officier, les reçut secrètement dans le palais même du prince où ils étaient plus en sûreté que partout ailleurs. Cependant Maximien commençait à persécuter les fidèles ; le généreux Tiburce fut pris par la perfidie d'un faux ami payé pour jouer le rôle d'espion ; il eut la tête tranchée. Castulus, victime de la même trahison, fut jeté dans une fosse qu'on remplit de sable.

Saint Sébastien, sous son uniforme de capitaine, n'avait point cessé de visiter les martyrs, de les encourager dans leurs tourments et de recueillir leurs restes après leur mort. Il eût estimé indigne d'un soldat de cacher sa foi, de paraître en quelque sorte honteux du plus noble des titres, celui de *chrétien* et de *soldat du Christ*. Le courageux officier fut dénoncé à Dioclétien qui lui reprocha de se servir de son grade pour favoriser les ennemis de l'empire. En effet, la courageuse résistance de deux frères jumeaux, Marc et Marcellin, signalait Sébastien comme ayant soutenu leur foi ; ils avaient tous deux été condamnés à mort. La haute situation de leur famille avait fait retarder l'exécution de trente jours, dans l'espoir de vaincre leur constance.

La maison de Nicostrate, premier secrétaire de la préfecture de Rome, devait leur servir de prison.

Leur fidélité fut mise à une terrible épreuve. Si la promesse des richesses, des honneurs n'avait pu les ébranler, la vue du désespoir de leur femme, de leurs enfants, celle de la douleur de leur père, de leur mère finiraient peut-être par les fléchir! Chaque jour des scènes déchirantes se renouvelaient devant les deux prisonniers.

Tandis que Sébastien les exhortait au courage, à la persévérance, une brillante lumière, visible pour tous les assistants, éclaira tout à coup la prison. Notre-Seigneur apparut au milieu d'eux, entouré de sept anges, et la voix du divin Maître se fit entendre, disant à Sébastien: « Tu seras toujours avec moi! » Zoé, femme de Nicostrate, sourde et muette depuis longtemps, avait entendu cette voix du Sauveur. Touchée de la grâce, elle se mit à glorifier le Dieu qui lui avait miraculeusement rendu la parole ! Devant un miracle aussi éclatant, Nicostrate se convertit il rend la liberté aux prisonniers confiés à sa charge ; il ne désire d'autre récompense que de partager leur supplice pour être associé à leur triomphe.

L'exemple de Zoé et Nicostrate est aussitôt suivi par leurs belles-filles, leurs petits-enfants; enfin par plusieurs criminels détenus pour vols ou meurtres. Sur la demande de Sébastien, et touchés de la grâce, ils reçoivent le baptême des mains du prêtre Polycarpe, à la grande joie de Sébastien et des deux frères Marc et Marcellin.

Le délai de trente jours expiré, Chromace, préfet de la ville, veut savoir de Tranquillin si l'obstination des prisonniers est vaincue; mais le vieillard, tout rempli de l'esprit de Dieu, fait sa profession de foi au fonctionnaire étonné d'abord, puis ému et convaincu par le nouvel apôtre; il ouvre lui aussi les yeux à la vérité, abjure ses erreurs, et Sébastien achevant l'œuvre commencée par Tranquillin, conduit Chromace au baptême ainsi que sa famille, toute sa maison et ses esclaves auxquels il rend la liberté.

Sa demeure devient un temple, où le service divin est célébré chaque jour. C'est là que se réunissent tous les chrétiens; mais la persécution augmentant de plus en plus, il faut se disperser pour ne pas attirer sur les nouveaux convertis la colère de l'empereur. Ceux qui craignent de défaillir devant les tortures se retirent, comme nous l'avons dit, avec Chromace dans les terres que celui-ci possède en Campanie. Les autres brûlent de s'immoler à Jésus-Christ et d'affronter la lutte; ils restent dans la ville avec le pape saint Caïus, attendant une mort certaine pour obtenir la vie éternelle. Zoé, femme de Nicostrate, est arrêtée la première lorsqu'elle priait sur le tombeau de saint Pierre le jour de la fête des Apôtres. On la suspend par les pieds au-dessus d'un brasier et elle meurt suffoquée par le feu d'un instant; qui la délivre des flammes infernales dont l'ardeur ne s'éteindra pas.

Puis, c'est le tour de Nicostrate, de Tranquillin, de Claude, de Castor, de Victorin, de Symphorien. Cloués par les pieds à un poteau, et percés à coups de lance, tous remportent la palme du martyre, ainsi que Marc et Marcellin.

Sébastien est toujours près de ses frères, les encourageant, les soutenant au milieu de leurs tortures, aspirant, lui aussi, au moment où il sera réuni à tous ces héros qu'il a envoyés au ciel. Son heure va bientôt sonner; le vœu le plus ardent du saint ne tarde pas à se réaliser. Il est trahi à son tour! Arrêté, amené en présence de l'empereur, il est accusé de noire ingratitude par Dioclétien irrité; ce n'est pas lui qu'il cherche à défendre en répondant aux accusations du tyran; c'est la sainte Eglise. Mais son langage ne peut ramener cette âme impie. Sébastien est livré à une compagnie d'archers de Mauritanie, attaché à un poteau, le corps percé de flèches, laissé pour mort par ses bourreaux; mais il respire encore! c'est alors qu'une sainte femme, Irène, veuve de Castulus, venue pour l'ensevelir, le trouve vivant, le recueille dans sa demeure, où ses soins le ramènent bientôt à la vie.

La prudence humaine lui conseillait alors de quitter Rome; mais c'est en vain que l'on cherche à éloigner le courageux soldat. Il a soif du martyre: aussi, loin de se cacher, il reprend sa place à l'armée, se mêle à ses compagnons sur le passage de Dioclétien et lui reproche son injustice pour les enfants de l'Eglise.

« Vous les considérez à tort comme les ennemis de l'empire, ose-t-il dire au monarque, tandis qu'ils prient pour la conservation du règne de celui qui les opprime. » L'empereur interdit, demande à Sébastien comment il est encore vivant.

« Mon Seigneur Jésus-Christ a voulu conserver ma vie

pour donner à tout le peuple un témoignage de la vérité de la foi et de votre cruauté. »

A ces paroles, la fureur de Dioclétien est à son comble ; sur son ordre, des soldats se saisissent de Sébastien, le conduisent dans l'hippodrome où il expire sous les coups de bâton, le 20 janvier (probablement de l'année 288).

Le lieu où reposait son saint corps, jeté la nuit parmi des immondices, afin que les chrétiens ne pussent l'ensevelir, fut révélé à une sainte femme, nommée Lucine. Elle obéit aux ordres de Dieu, en faisant enterrer les reliques dans les catacombes, où, plus tard, on construisit une église en l'honneur du glorieux défenseur de la foi.

Saint Sébastien est particulièrement invoqué dans les maladies ; la peste disparut plus d'une fois par son intercession, notamment au commencement du VIIe siècle, où Rome fut délivrée d'une terrible épidémie en implorant l'assistance du saint.

IV

Saint Georges.

Le nom de saint Georges est peut-être plus populaire encore que ceux de Sébastien et de Maurice ; les guerriers l'ont choisi pour patron et l'Eglise l'invoque avec eux, en Orient et en Occident, comme un des plus généreux confesseurs de la foi. L'Eglise grecque l'appelait le *grand martyr* ; plusieurs temples avaient été consacrés en son honneur à Constantinople comme aussi en Palestine, au lieu même de son tombeau. La plus connue des églises de saint Georges à Constantinople s'appuyait au monastère baigné par la Propontide ; le détroit des Dardanelles a pris de là le nom de *bras de saint Georges*. On adopte généralement l'opinion que le glorieux martyr souffrit à Nicomédie dès le commencement du IVe siècle ; son culte était fort répandu en France dans le VIe siècle ; des reliques insignes furent déposées dans l'église de Saint-Vincent (aujourd'hui Saint-Germain-des-Prés) et la reine sainte Clotilde lui dédia l'église du monastère de Chelles qu'elle avait fondé.

Saint Georges fut le premier patron de la république de Gênes ; les Anglais rapportèrent des Croisades une grande confiance en son invocation, et sa fête, par le vœu de la nation entière, était célébrée solennellement. On sait qu'Edouard III, instituant l'ordre de la Jarretière (1330), le mit sous sa protection ; l'empereur Frédéric IV fonda un ordre de chevaliers qui portait son nom (1470) ; un autre ordre militaire de saint Georges, se maintint longtemps à Venise.

Quant à la légende qui attribue à saint Georges la mort d'un dragon monstrueux, les plus graves auteurs n'en parlent pas ; ils la considèrent comme un symbole, pour signifier que le martyr a terrassé par son courage, vaincu par sa foi le dragon infernal, ou le démon, sorti des enfers et régnant en maître par l'idolâtrie.

Né en 280, à Diospolis (depuis Lydda), en Palestine, saint Georges fut élevé exclusivement par sa mère, car son père, riche et craignant Dieu, faisait partie des troupes spécialement attachées au service de l'empereur Dioclétien. Beau, bien fait, d'une grande intelligence, d'un abord noble et princier, le jeune soldat, à peine entré dans la milice, à l'âge de dix-sept ans, fut créé tribun ; l'empereur voulant ainsi récompenser dans le fils les bons services du père, confiait à saint Georges le commandement de mille hommes, (le nom même de tribun indique ce nombre).

La persécution violente qui allait se déchaîner contre les chrétiens avait été excitée par les ministres d'Apollon. Ces imposteurs, furieux de ne plus recevoir le prix de leurs oracles menteurs, furieux du nombre toujours croissant des chrétiens, répondirent aux prières de l'empereur que « les *justes* empêchaient le dieu de rendre ses oracles. » — « Et qui sont ces justes ? demanda Dioclétien. » — « Sire, ce sont les chrétiens, répondit le dieu. »

Le prince n'était pas habitué à la résistance ; le démon, prenant possession de son cœur et de son esprit, l'aveugla de telle sorte qu'il publia un édit cruel dont aucune réclamation ne put adoucir la rigueur.

Georges se prépara donc à la mort, il distribua ses biens aux pauvres, affranchit ses esclaves ; loin de cacher sa religion et sa foi, il osa même aborder l'Empereur, lui représenter avec une sainte hardiesse que les chrétiens ne nuisaient à personne, et que la persécution contre des innocents était indigne de son nom et de son rang.

« Enfant, se contenta de répondre Dioclétien, songe à ton avenir..., tu as vingt ans ! »

« Prince, je songe surtout à la *vie éternelle* ; c'est un avenir plus *certain* encore que les faveurs, c'est un avenir plus *long* surtout ! »

Aussitôt l'amitié de l'empereur se change en haine ; conduit en prison par des soldats furieux, Georges est jeté à terre ; on lui enserre les membres dans des entraves, on roule sur son corps une énorme pierre qui écrase sa poitrine, mais sous le poids de laquelle le généreux athlète chante les louanges de Dieu.

Le lendemain, on l'attache sur une roue garnie de pointes, le mouvement cruel imprimé à la roue déchire le corps du saint ; mais un ange apparaît qui le console et le fortifie, enfin les bourreaux entendent une voix du ciel : « Georges, ne crains rien, car je suis avec toi ; » plusieurs aussitôt se joignent au martyr, confessent le nom de Jésus-Christ et achèvent heureusement leur combat. L'empereur craignant alors que le soldat ne convertît un grand nombre de ses camarades, voulut essayer de la douceur. Georges, de son côté, ne songeait qu'à rendre sa mort plus méritoire et sa confession plus glorieuse pour le nom de Jésus-Christ ; il pria donc l'empereur de le conduire au temple d'Apollon. Dioclétien, persuadé que son cher tribun cédait aux supplices ou bien aux promesses, assembla le peuple et le Sénat pour assister au sacrifice.

Georges est amené par les gardes ; paré de ses plaies qui font encore ressortir sa beauté et sa jeunesse, il s'avance à l'autel d'Apollon, étend la main et trace lentement le signe de la Croix. Puis, élevant la voix de manière à être entendu de la foule : « Veux-tu, demande-t-il à Apollon, que je te sacrifie comme à un dieu ? »

« Je ne suis pas dieu, répond en rugissant le démon contraint par le signe de la Croix ; il n'est point d'autre Dieu que celui des chrétiens. » En même temps, des voix effrayantes et terribles sortent des idoles, qui tombent en pièces dans le temple. Alors les prêtres et les païens furieux, obligent Dioclétien à hâter le supplice du noble tribun qu'ils accusaient de magie. Saint Georges, décapité le 23 avril 363, reçut la couronne d'un glorieux martyre.

CHAPITRE II

Soldats français, émules des Martyrs.

I

L'armée française n'a point oublié ces exemples ; toujours digne de ses patrons en particulier de *saint Sébastien*, enfant des religieuses provinces du midi, elle continue à donner au père de famille une moisson de glorieux confesseurs de la foi.

Le martyrologe des Gaules compte une foule de *soldats* parés de l'auréole de la sainteté aussi bien que des lauriers de la victoire. Dans le regret de ne pouvoir même indiquer leurs noms à jamais bénis, nous choisirons entre les plus connus d'abord, quelques traits distinctifs de leur courage ; puis nous aimerons à tirer de l'obscurité, ceux des soldats-martyrs plus rapprochés de nous, et dont les familles mêlées aux populations laborieuses de nos provinces, devront toujours garder la mémoire et les nobles exemples.

La résistance en masse de l'armée chrétienne au mal, se trouve à toutes les pages de notre histoire nationale.

Vers le milieu du VIIIe siècle l'invasion des *Sarrasins* menaçait la chrétienté tout entière. Sous la conduite d'un de leurs rois, Abdérame, ils passèrent tout à coup les Pyrénées en si grand nombre, dit la chronique, « que nul ne pouvait les compter, car ils emmenaient leurs femmes, leurs enfants et toute leur substance. » Pendant qu'une partie de la nation barbare s'avançait le long du Rhône jusqu'à la ville de Sens, où l'évêque saint Ebbon parvint à les repousser, l'autre partie s'emparait de Bordeaux après avoir écrasé l'armée d'Eudes, duc d'Aquitaine. « Ce vent d'islamisme soufflait si violemment qu'il menaçait l'Europe entière. » Charles Martel n'avait pas attendu, dit M. Henri Martin dont nous abrégeons le récit, que les tribus musulmanes fussent aux portes de Sens et jusqu'au cœur de la Gaule pour se préparer à jeter dans la balance sa vaillante épée. Durant tout l'été le ban de guerre avait appelé des flots de combattants Teutons, Francs, Gallo-Romains, Neustriens et Austrasiens, venant de la Forêt-Noire aussi bien que des rivages de la mer du Nord. Conduites par Charles Martel, les bandes austrasiennes ne soupçonnaient guère quelles destinées allaient être confiées à leur épée. « Elles rallièrent les débris de l'armée qui avait dû se retirer devant Abderame et parurent sous les murs de Poitiers en octobre 732. L'Islamisme se trouvait en face du dernier boulevard de la chrétienté. » Le chroniqueur ne s'y trompe pas : Isidore de Béja appelle l'armée franque « l'armée des Européens. » Le sort du monde allait se jouer entre les Francs et les Arabes.

Les Sarrasins fiers de leurs victoires et de leur nombre avaient assis leur camp sur les rives du Clain et de la Vienne, dont ils occupaient les plaines fertiles ; leurs tentes aux couleurs variées, surmontées d'un croissant doré, entouraient celle d'Abdérame, *Vali* ou lieutenant des kalifes. Toute resplendissante d'or, de brocart et de soie cette tente d'une architecture mauresque semblait plutôt un superbe palais. Des « myriades d'hommes bruns, aux turbans bariolés, aux burnous blancs, aux boucliers ronds, aux sabres recourbés, aux zagaies légères, caracolaient sur leurs cavales échevelées. Les cheiks musulmans passaient et repassaient au galop devant les lignes gallo-teutoniques, pour mieux voir les géants du Nord avec leurs longs cheveux blonds, leurs heaumes brillants, leurs casaques de peau de buffle ou de mailles de fer, leurs longues épées et leurs énormes haches. »

Pendant sept jours les armées se regardèrent... Un soir, c'était un samedi de la fin d'octobre, un espion arabe entrait au camp d'Abdérame ; il annonçait que les Francs, dérobant leur marche, se tenaient si près du camp, que, si l'on faisait silence, il serait facile d'entendre le hennissement des chevaux, et que les bois derrière lesquels ils se cachaient dérobaient seuls la flamme de leurs bivouacs.

« Par Allah ! s'écria le *Vali*, tant mieux ! Le soleil de demain verra leur défaite ; en attendant, mes braves, venez au festin et oublions les Francs dans l'ivresse et le repos, paradis des vrais croyants. »

De l'autre côté des bois, une scène bien différente s'offrait aux regards. Là point de festins, pas de chants ! Ces guerriers, d'ordinaire bruyants et impétueux, étaient recueillis dans un silence solennel ; la plupart se pressaient autour des tentes surmontées d'une croix où se tenaient les prêtres, pendant que leurs compagnons dressaient les autels sous le feuillage des forêts ; et bientôt réunis aux pieds des ministres de Dieu ils recevaient la sainte communion. Charles Martel, comme ses leudes, donnait l'exemple : au moment d'attaquer toute une nation, il comprenait que sa valeur n'était que faiblesse, si le Dieu des armées ne combattait avec les anges pour le salut de la chrétienté.

Après la communion, se levant avec force, le visage rayonnant d'une sainte audace, il répondit à ses braves qui le saluaient du cri de *vive le bon Charles :*

« *Vive le Seigneur et vive son Christ,* mes fidèles, par lui seul on est victorieux. Vous combattez pour sa croix... et vous l'avez appris du grand Constantin : *Par ce signe vous vaincrez.* Mes fidèles, que ce soit le cri de ralliement de cette journée ; elle sera pour nous glorieuse à jamais. »

Après cette courte et vive harangue, l'armée compacte, inébranlable, régulière, descendit lentement la colline boisée et se massa dans la plaine, couverte d'une si prodigieuse multitude de combattants ennemis, que les yeux étaient éblouis par l'éclat de leurs lances. Les Francs paraissaient un point noir dans cet espace.

La cavalerie musulmane se précipite sur la petite armée chrétienne avec un cri formidable comme un immense ouragan ; les Francs « pareils à un mur de glace, dit la chronique, semblables à un rempart de fer, serrés les uns contre les autres comme des hommes de marbre, » soutiennent sans broncher cette charge impétueuse, vingt fois renouvelée. « Les colosses d'Austrasie se dressaient sur leurs grands chevaux belges, recevaient les Arabes sur la pointe du glaive et, frappant du haut en bas, les perçaient d'outre en outre. » De temps à autre, de cette phalange compacte Charles faisait sortir des escadrons, qui se lançaient sur les masses ennemies, en faisaient un effroyable carnage ; le héros combattait au premier rang. Abdérame pouvait remplacer sans cesse les troupes fatiguées, les chrétiens au contraire soutenaient l'attaque depuis le point du jour.

Charles Martel, qui ne cessait d'implorer du fond de son cœur le secours du Christ, reçut au moment donné l'inspiration qui décida la victoire. Eudes et ses Vascons (Gascons) tournant l'armée arabe se jettent au milieu du camp, et y mettent le feu. Aussitôt les Musulmans sourds aux ordres d'Abdérame se débandent en hâte pour sauver leurs familles et leurs trésors ; Charles et ses Francs prennent l'offensive, ils renversent tout sur leur passage, tuent jusqu'à 375,000 des ennemis frappés d'une terreur panique. Abdérame lui-même périt dans la déroute. Charles venait de conquérir son surnom de *Martel;* car, dit la *Chronique de Saint-Denis,* « ainsi que le marteau brise et froisse le fer, l'acier et tous les autres métaux, ainsi froissait-il et brisait par la bataille tous ses ennemis. » Le nombre des morts paraîtrait incroyable si les historiens du temps n'étaient pas d'accord, et si l'on ne se rappelait, que c'était toute une nation qu'Abdérame menait à la conquête de la Gaule.

II

Mais l'initiative de la répression du mal par les armes, ne dépend pas du soldat. A lui néanmoins, la Providence garde toujours la possibilité de conquérir, sinon par l'épée du moins par la constance, l'immortalité de l'histoire et la palme éternelle des Cieux.

Dans nos guerres africaines, par exemple, les plus obscurs guerriers, enfants de nos campagnes ou bien obscurs travailleurs de nos ateliers, ont suivi généreusement les traces des Saints ; ils ont laissé au milieu de la génération indifférente et sceptique de notre siècle, une voie lumineuse toute resplendissante, qui éclaire les pas des jeunes recrues, désireuses d'arriver *à la gloire par le devoir.*

Les prisonniers français qui tombaient aux mains des Arabes, étaient sollicités de racheter leur vie par l'apostasie ; c'est-à-dire de renoncer à la religion catholique pour se faire musulmans. Nos soldats en général furent héroïquement fidèles.

Presque tous ceux qui apostasièrent étaient des étrangers, ou des condamnés des corps disciplinaires, pauvres gens sans instruction, sans moralité, sans famille même. Abd-el-Kader ne s'y fiait pas ; mais il leur faisait de belles promesses pour obtenir des renseignements sur l'armée française, ou pour instruire ses corps de réguliers au maniement des armes. Les prisonniers étaient relativement peu nombreux ; la vengeance arabe est plus sommaire, et la difficulté de nourrir les prisonniers avec la smala de l'émir, pesa plus d'une fois sur la décision de ce chef barbare qui faisait bon marché de la vie humaine.

Ceux qui consentaient à abjurer, moins maltraités que les autres, travaillaient cependant pour leur ennemi aux fortifications et aux redoutes, ou même étaient enrôlés de force dans les troupes arabes. Quant aux officiers et soldats restés fidèles à Dieu et à la patrie, l'histoire de leur détention comme de leur mort, peut être comparée à celle des premiers martyrs ; elle ne leur cède ni en cruauté de la part des bourreaux, ni en héroïsme de la part des victimes.

Un jeune officier, M. France pris avec un arpenteur, M. Meurice, sommés d'abjurer s'indignèrent avec courage ; l'officier adjoint aux travailleurs vit s'éloigner son camarade avec douleur ; M. Meurice envoyé sur les hauts plateaux, mourut de froid et de misère, après plusieurs mois d'un long martyre.

M. Vagner attiré par trahison en dehors du blockhaus avec trente soldats, tomba sous les coups des Arabes ; tous avaient reçu promesse de la vie s'ils voulaient apostasier ; mais ces braves enfants de la France, nouvelle légion thébaine, n'hésitèrent pas un instant. Une

SOLDAT ET OUVRIER.

« La mort ou l'Islam ?
« La mort et la foi ! »

décharge les fit tomber presque tous à la fois. Vagner blessé, laissé pour mort fut témoin de la lugubre scène ; l'officier et le tambour restés seuls debout, avaient été de nouveau sollicités à l'apostasie ; une seconde fois levant les yeux au ciel ils avaient accepté la mort, pour gagner une meilleure vie et étaient tombés percés de coups.

Un pauvre soldat ignorant ce qu'on lui demandait, avait prononcé la formule d'abjuration, mais il avait compris qu'une espèce de tonsure distinguait les musulmans des chrétiens ; lors donc qu'on s'approcha de lui pour la lui imposer :

« Oh! pour cela, non, s'écria-t-il, coupez-moi la tête si vous voulez ; mais, *les soldats français ne sont pas des chiens ;* je suis chrétien et je reste chrétien ! » Et cette noble tête tomba sur la terre, pendant que l'âme montait au ciel.

L'ouvrier Beauprêtre, enlevé comme Français, avait été réuni aux captifs et enchaîné avec un soldat du 32° de ligne. Aux signes des Arabes, à leur cruauté, ils devinèrent que le massacre des prisonniers était résolu ; avec la présence d'esprit qui distingue les Français, ils parvinrent à briser leurs fers en les frottant contre la pierre et coururent le désert pendant plusieurs jours. Enfin exténués et sans nourriture, s'étant réfugiés près d'un douar, ils furent conduits au marabout.

« La mort ou l'islam, » cria le farouche aux deux chrétiens.

« La mort et la foi, » répondirent en même temps le soldat et l'ouvrier.

Un coup de yatagan abattit la tête du soldat ; aussitôt les Arabes se disputant les dépouilles, commencèrent à se battre et à vociférer les uns contre les autres. L'ouvrier s'échappa, il parvint après des souffrances inouïes à rejoindre nos alliés. Comme un autre Machabée cet héroïque enfant du peuple, en face du cadavre sanglant de son camarade, n'hésita pas à sacrifier sa vie pour garder sa foi.

Entre tous les officiers, M. de Mirandol, depuis général à la guerre du Mexique, jouissait d'une sorte de popularité dans le camp arabe. Il suivait, avec les prisonniers la déira d'Abd-el-Kader, lorsqu'en passant par une tribu plus cruelle que les autres, ils furent assaillis et maltraités. Un Arabe menace l'officier et le couche en joue :

« Chien de chrétien, s'écrie-t-il, répète : Dieu est grand et Mahomet est son prophète, ou tu vas mourir.

« Dieu est grand, répond avec calme et fermeté M. de Mirandol ; » puis fixant fièrement l'Arabe, il ajoute : « Mahomet est un imposteur. Tu ne peux rien contre moi, car *je suis serviteur du Christ.* »

L'Arabe lâcha la détente, le coup ne partit pas ; M. de Mirandol continua paisiblement sa route, et fut depuis l'objet d'une sorte de vénération chez ce peuple superstitieux frappé de stupeur. Abd-el-Kader, après avoir ordonné qu'il soit entouré d'égards, lui offrit la liberté : « A Dieu ne plaise, répondit l'officier, que je sépare jamais mon sort de ceux de mes compagnons. »

Deux déserteurs de l'armée d'Afrique avaient trouvé de l'ouvrage comme maréchaux-ferrants dans la cavalerie arabe. Pour s'assurer de leur constance, les Musulmans essayèrent de les entraîner à l'apostasie. Au moment du carême musulman, ou Ramadan, un officier les engagea nettement à embrasser l'islamisme, s'ils ne voulaient subir toutes les conséquences de leur désertion. Ces bons chrétiens, que la peur avait aveuglés lors de leur première faute, n'hésitèrent pas un instant ; ils s'échappèrent de Tripoli pour se rendre au consulat français ; mais l'un d'eux rejoint par les Turcs avant d'atteindre le but, fut mis en prison ; on refusa de le rendre au consul qui le réclamait ; en attendant la mort ce courageux soldat, devenu un martyr, s'agenouillait et priait pour obtenir la persévérance. Elle ne lui fut pas refusée : la religion, après l'avoir éclairé sur sa faute, la lui fit glorieusement expier et lui obtint encore la palme des saints.

CHAPITRE III

« Mort au champ d'honneur. »

Se laisser égorger sans se défendre, mourir sans donner la mort à son ennemi, c'est d'un martyr; et nous savons que le soldat français a plus d'une fois, lui aussi, mérité le titre de *héros-martyr*.

Mais un autre genre de courage est plus ordinairement demandé au guerrier, qui doit combattre les ennemis et, s'il se peut, les vaincre. Or dans tous les rangs de la hiérarchie sociale, le patriotisme chrétien a donné des héros à l'armée française. Sur le champ de bataille, la même valeur assure aux braves la même gloire; nous voulons offrir deux exemples de cette véritable et noble *égalité,* de soldats *morts au champ d'honneur.*

Le premier en date est celui de La Tour d'Auvergne de l'illustre famille des Bouillon. Né en 1743 à Carhaix, il se voua dès sa jeunesse aux études militaires et sorti de l'école, entrait au régiment d'Angoulême. La vie de garnison lui déplut, il obtint de se joindre aux Espagnols, se signala à la prise de Mahon (île Minorque) et revint en France à la paix, rapportant la croix de Calatrava, mais refusant la pension qui y était attachée.

Louis XVI l'envoyait comme capitaine à l'armée des Alpes; plus tard il s'emparait contre les Espagnols du fort de Saint-Sébastien.

C'était au moment où la plupart des officiers émigraient, ne voulant pas courir le risque de marcher contre les troupes royales, dont on attendait une manifestation.

La Tour d'Auvergne ne voulut jamais émigrer, soutenant que le régiment était excellent il répondait à ses camarades : « Eh bien ! partez ; moi, je reste et je tâcherai d'enlever le régiment à moi tout seul. » Six mois après il fit dire aux officiers qu'il reconnaissait avoir eu grand tort, et qu'il en était fort affligé ; il leur demandait de lui conserver leur estime et leur amitié leur promettant deux choses : la première, de se conduire avec une telle valeur, qu'il acquerrait une grande réputation ; et la seconde de n'accepter aucun grade, ne voulant avoir d'autre brevet que celui de capitaine donné par Louis XVI.

Il a bien tenu parole, car il a constamment refusé tout grade ; alors que ses talents et sa bravoure lui valurent le commandement d'une colonne de dix mille hommes. Qualifié *premier grenadier de France*, il n'accepta même pas un siège au Corps législatif ; il se retira du service en 1795, y rentra par dévouement et fut tué à l'armée d'Helvétie le 27 juin 1800.

Animons cette courte biographie par quelques détails.

Au siège de Mahon, le jeune lieutenant, plutôt que d'abandonner un camarade blessé, se précipita au travers des balles sur le glacis et sauva la vie du soldat.

Les chefs de l'armée ayant appris qu'il songeait à émigrer, et soupçonnant d'ailleurs le peu de sympathie qu'il devait avoir pour le gouvernement, songeaient à le destituer. Un grenadier va trouver le représentant :

« Citoyen, lui dit-il, on prétend que notre capitaine est vu de mauvais œil et que tu veux le casser ! Nous pensons que tu ne feras pas cette injustice. Quant à nous, grenadiers, ce serait nous ôter notre père... Je ne t'en dis pas plus, et garde-toi de le casser.

Le premier Grenadier de France

« La Tour d'Auvergne sauve la vie du soldat blessé. »

Sans s'inquiéter de l'opinion jalouse, La Tour d'Auvergne se livrait avec zèle à tous ses devoirs. Envoyé en reconnaissance, il se trouve tout à coup avec une poignée d'hommes et peu de munitions devant dix mille Espagnols ; sans paraître avoir entendu quelques mauvaises paroles de soupçons, La Tour d'Auvergne ordonne de charger les pièces à mitraille, mais de ne pas tirer ; puis il avance avec sa petite troupe. L'ennemi se laisse prendre au piège, s'approche pour recevoir la soumission des soldats qui semblaient devoir se rendre sans combat. La Tour d'Auvergne envoie alors une décharge meurtrière qui porte le désordre dans les rangs ennemis ; il en profite pour dégager ses hommes et rejoindre l'armée.

Après ce beau fait d'armes, il est nommé colonel ; mais, fidèle à sa promesse, La Tour d'Auvergne refuse, et réunissant à sa table les grenadiers de son régiment, il renouvelle le serment de ne pas les quitter ; le cheval magnifique qu'il avait dû accepter alors, servait aux soldats trop fatigués de la marche. Lui, suivait à pied étudiant et lisant.

La pension qu'il recevait fut destinée à une famille pauvre pendant que lui-même se trouvait dans la pénurie.

Un ami refusait avec délicatesse ce que La Tour d'Auvergne le pressait d'accepter, et le noble soldat de répondre : « N'outragez pas mon amitié par un refus ; il est des choses dans lesquelles j'aime à me satisfaire sans éprouver de contradiction... je vous demande, j'*exige* que nous partagions... votre santé est délabrée ; moi, je me porte bien ; ma grande économie et ma sobriété me tiennent lieu de trésor... Je me prosterne bien plus volontiers devant la Providence pour la remercier, que pour lui demander ! »

Le ministre de la guerre sait que par le discrédit des assignats, La Tour d'Auvergne manquait du nécessaire ; il lui envoie quatre cents écus. Le grenadier en accepte cent vingt : « L'Etat n'est pas riche, dit-il, et cela me suffit. » Bien plus, le duc de Bouillon, son parent, a retrouvé, grâce au premier consul éclairé par La Tour d'Auvergne, une grande partie de ses biens ; il se propose d'assurer à son parent une terre qui le mette à l'abri de toute éventualité. « Je vous remercie, répond le brave, je n'ai besoin de rien, » il s'installe modestement à Passy, alors simple village, pour y jouir de la solitude et s'y livrer encore à l'étude.

Cependant la levée de troupes en 1799 menace d'enlever à son ami, M. Le Brigant, un fils unique, soutien de la famille. La Tour d'Auvergne n'a jamais su voir couler les larmes lorsqu'il peut les essuyer : « Courage, répète-t-il à son ami. Grâce à Dieu, le malheur n'est pas sans remède. » Sans s'expliquer, il accompagne le jeune homme au district ; La Tour d'Auvergne y a grand crédit, il se présente et parvient à se faire agréer « comme simple soldat, dans les rangs de ces grenadiers qu'il a conduits comme chef, à tant de victoires ! »

Lorsqu'il rejoignit le corps, le colonel voulut lui rendre son rang, il s'y refusa et n'eut qu'une seule ambition, celle de se faire oublier ! Mais Bonaparte, dont l'habile politique ne voulait laisser aucun mérite sans récompense, lui envoya un sabre d'honneur avec le titre de *premier Grenadier de France*. Le héros chrétien vivement contrarié de ces témoignages, craignant aussi de perdre la récompense qu'il ne voulait tenir que de Dieu, écrivait dans une lettre intime : « ... Je vois que dans une révolution, celui qui a été assez heureux pour éviter la ciguë, doit au moins s'attendre à boire l'absinthe à longs traits. »

La Tour d'Auvergne était mûr pour le ciel ; Dieu l'appelait à lui au moment où sa renommée ne pouvait plus s'accroître, ni ses mérites augmenter. Le 17 juin 1800, il tombe au premier rang en soutenant la charge des hulans à la bataille de Neubourg ; son corps fut couvert de lauriers et son noble cœur enfermé dans une boîte d'argent couverte de velours noir. Ce précieux dépôt confié au premier grenadier, suivait partout le régiment et l'étendard. A l'appel, le matin et le soir, en tête du rôle de la compagnie devait retentir le nom glorieux de La Tour d'Auvergne, auquel l'un des soldats répondait fièrement : *Mort au champ d'honneur !*

Mais la bravoure n'était pour ce grand homme qu'une qualité humaine, aussi n'en voulait-il accepter l'honneur que si elle prenait sa vraie source aux principes de la foi. En effet, disait-il, dans un entretien que son ami et biographe, Mgr Lecoz (1), a fidèlement conservé, « que de contrastes dans le cœur de l'homme ! que d'élévation et de bassesse ! que de lumières et d'obscurités ! Des sentiments qui l'élèvent à l'héroïsme des plus sublimes vertus ! des penchants qui l'entraînent dans la fange des vices ! un esprit qui mesure les cieux et qui va se briser contre un grain de sable... Roi de la nature, et toutefois dépendant de la nature ; les éléments sont à nos ordres et ils nous font la guerre ; ils servent à nos plaisirs et ils font nos malheurs...

« Dans l'homme *né pécheur,* la religion me donne la solution que la raison n'a jamais pu trouver ; le contraste de son élévation et de sa bassesse, de ses misères et de sa dignité, n'a plus rien qui me surprenne ; son état, composé de bien et de mal m'annonce les bontés et la justice du souverain Etre par qui il existe... et en

---

(1) Archevêque de Besançon, 1815.

m'indiquant la source de nos maux, la foi me montre en même temps le remède qu'une bonté infinie y a destiné.

« — Le péché originel, reprend son ami, n'est donc pas à vos yeux ce qu'il paraît à la plupart de nos beaux esprits ?

« — Non certes, répond le héros, il étonne ma raison, mais il ne la choque pas ; il est en quelque sorte pour moi la clef de l'univers... Du reste je dirai à nos modernes incrédules : Vous trouvez le dogme du péché originel contre la raison. D'où l'idée en est-elle donc venue à toutes les nations ? Cet argument est décisif, car la raison ne saurait produire ce qui est *contre* la raison.

« — Vous croyez donc sincèrement à la religion ?

« — Oui, mon ami, je crois à la religion catholique. Ses dogmes éclairent mon esprit et sa morale charme mon cœur. C'est à elle que je dois mes faibles vertus ! c'est à elle que, dans tous les temps, j'ai dû mes plus belles espérances, mes plus douces consolations !

« Je le sais, il est des hommes qui n'y croient pas ; je les plains ! Que, sans le secours de la religion, ils soient d'honnêtes gens ; ils le disent et je veux le croire... mais à coup sûr, cette religion me serait le meilleur garant de la pureté de leur cœur, et de la délicatesse de leurs sentiments. »

Les quelques lignes que nous avons consacrées à la vie de La Tour d'Auvergne, suffisent au lecteur pour apprécier si les principes religieux avaient rétréci l'esprit et le cœur du *premier Grenadier de France* !

II

A côté du descendant des ducs de Bouillon, mettons l'humble sergent de l'armée d'Afrique.

Dans la ville de Lyon, un jeune artisan, imprimeur d'étoffes, s'était trouvé à l'étroit dans son humble métier; sans ambition démesurée pourtant, sans mauvaise honte de la boutique de son père, il était sans le savoir de la taille d'un héros. Engagé volontaire et sous-officier après deux ans de service, le sergent du 26° d'infanterie alors en Afrique, se nommait *Blandan*. Lorsque le général Bugeaud, laissant une partie des troupes dans la province d'Oran, résolut de donner la chasse à Abd-el-Kader, la correspondance entre les différents postes ne pouvait se faire qu'au moyen de petits détachements d'infanterie, appuyés de quelques cavaliers pour les protéger en cas de surprise.

Le 11 avril 1842 un brigadier du 4° Chasseurs, Villars, protégé par deux éclaireurs, chargé de transmettre les dépêches entre Boufarik et Beni, était accompagné de seize soldats commandés par le sergent Blandan. M. Ducros, aide-chirurgien, profitait de l'occasion pour se rendre à Blidah. Suivant l'usage, le sous-officier du génie observait au télescope, d'une plate-forme élevée, le chemin que devait parcourir la petite troupe; pas un Arabe n'était signalé dans la plaine et déjà les vingt hommes, porteurs de la correspondance, étaient à un kilomètre de la redoute de Beni-Méred, avant-poste de Blidah, lorsque parvenus au dernier ravin, ils aperçurent un groupe considérable de cavaliers arabes se glissant dans le repli du terrain pour tromper sûrement la vigilance de l'officier observateur. Les soldats chrétiens n'eurent pas un instant la pensée de se dérober à l'ennemi, en abandonnant leurs camarades : « Puisqu'il y a du danger, sergent, dit le brigadier Villars, nous restons ensemble. » Puis se mettant à l'abri derrière leurs chevaux, Villars, les deux soldats et même le chirurgien, se disposent à seconder Blandan et ses hommes.

Plus de trois cents Arabes coureurs et cavaliers, parfaitement à l'abri dans le ravin, allaient combattre vingt Français ! Cependant leur chef ne prend aucune disposition, n'ayant pas l'idée de la résistance organisée par Blandan ; un régulier d'Abd-el-Kader s'avance avec dédain et crie à Blandan :

« Rends-toi. On ne te fera pas de mal.

« Voilà comment se rend un Français, riposte le sergent, puis il couche à terre le cavalier.

« A présent, camarades, montrons comment les Français savent se défendre. Visons juste et à coup sûr sans nous presser. »

Les soldats se sont formés en cercle, ils brûleront chacun leurs vingt cartouches et ce drame héroïque va se terminer en une demi-heure !

Cependant le coup de feu de Blandan a donné le signal, les Arabes se séparent suivant leur tactique ordinaire, ils caracolent autour des nôtres et leurs balles tuent sept Français. Les survivants avec une audace et un calme imperturbables continuent leur tir ; beaucoup de cavaliers tombent, mais le courage ne peut plus rien dans une telle disproportion de forces : « Serrez vos rangs ! » répète le héros à chaque homme qui tombe. Lui seul est sans blessure. Tout à coup deux balles le frappent, il demeure ferme ; une troisième l'atteint gravement, il se soutient encore sur le coude et son dernier adieu est le cri du devoir : « Courage, mes amis, défendez-vous jusqu'à la mort; » puis il se traîne pour leur présenter des cartouches. Cinq hommes blessés se battaient encore, quand un détachement, parti bride abattue de Bouffarick d'où l'observateur a vu les Arabes, arrive à temps pour seconder une autre troupe française et prendre les Arabes entre deux feux. Le seul canon de la redoute se met de la partie, deux compagnies du 26ᵉ se précipitent au secours de leurs camarades. Les Arabes fuient de tous côtés, laissant encore en vie dix des vingt Français qui leur avaient opposé une résistance si héroïque. Le curé de Bouffarick accouru pour secourir et consoler les blessés dont trois devaient subir l'amputation, eut l'amer regret de ne pas revoir le brave sergent qui dans le délire des dernières souffrances répétait sans cesse : « Courage, mes enfants, défendez-vous jusqu'à la mort. »

Sur le rapport du lieutenant-colonel Morris, le général Bugeaud adressait à l'armée d'Afrique un ordre du jour glorifiant l'héroïque défense du sergent, et signalant les vingt et un Français, qui avaient accompli ce glorieux fait d'armes :

« L'enthousiasme que produisit cette grande et belle action de guerre, disait le général dans sa proclamation, est bien loin d'être éteint... Il ne suffit pas de l'admiration des contemporains, il faut encore la faire partager aux générations futures; elle multipliera les exemples des hommes qui préfèrent une mort glorieuse à l'humiliation du drapeau de la France. »

« Quel serait le cœur assez froid pour ne pas se sentir électrisé, en passant devant un monument élevé sur le lieu du combat, et où seraient retracés l'action et les noms des héros qui en furent les acteurs. »

D'autre part, la *France Militaire* provoqua dans ses colonnes une souscription qui fut promptement couverte de signatures ; sur la place de Beni-Méred s'élève une pyramide portant le nom des vingt et un héros. Les détachements qui ont à traverser le village se mettent en ordre avant d'y entrer, ils défilent en rang, les officiers saluent du sabre et de l'épée, les tambours battent aux champs, et plus d'un soldat a senti la noble ambition de l'exemple s'emparer de son cœur. A Bouffarick le sergent Blandan a une belle statue ; car, s'il existe quelque part une sainte égalité, c'est l'égalité devant le dévouement poussé jusqu'au sacrifice.

Le 26° régiment de ligne a inscrit en tête des ordres du jour, celui par lequel le général Bugeaud a glorifié Blandan et ses camarades. « Tous les ans, le 11 avril, cet ordre du jour est lu à la troupe, puis le colonel passe la revue, il s'arrête devant l'ancienne compagnie du sergent. On fait l'appel, et au nom de Blandan, le capitaine répond :

« Mort au champ d'honneur ! »

(1) E. PERRET, *Récits algériens*, t. 1, p. 288.

CHAPITRE IV

L'Immortalité dans la mort.

Les récits admirables que nous venons de reproduire charmaient les soirées d'une honnête famille de soldats.

L'aïeul, plein des souvenirs de la *Grande Armée* où s'était illustré son père, s'était donné la mission de conserver à ses petits-fils le véritable esprit militaire et chrétien. L'un d'eux rapportait au foyer une vie sans tache avec de glorieux souvenirs ; le plus jeune allait dans peu d'années rejoindre le drapeau ; il se nommait Léon.

— Grand-père, je vous en prie, dit-il un soir, racontez-moi l'histoire de tous les guerriers français. Moi aussi je veux les imiter ; et rien ne me plaît, si je n'entends pas prononcer les noms des généraux et des soldats.

LE GRAND-PÈRE

Mon pauvre petit, pour te dire seulement un mot des braves tombés sur le champ de bataille, il faudrait composer les *Annales de la Patrie* et leur donner ce beau titre : « *L'Histoire de France écrite avec le sang des braves.* » J'aime mieux te raconter les traits héroïques de quelques vies des grands capitaines. Il y a en ceci deux avantages : d'abord on retient mieux les histoires des hommes déjà connus ; et surtout, on comprend qu'il est toujours glorieux de suivre les exemples de ceux dont les noms font l'honneur de la France. Je commence par

Bayard dont tu viens justement d'apprendre les hauts faits.

Tout le monde connaît la vie du *Chevalier sans peur* ; sa mort sublime louée par les poètes comme par les orateurs, est admirablement dépeinte dans le *Dialogue* célèbre de Fénelon. Quelques mots cependant tirés de la *Chronique,* ou de la *Vie des grands Capitaines*, pourront intéresser encore.

Lorsqu'il fut atteint d'un coup d'arquebuse qui lui brisa l'épine du dos :

« Jésus ! mon Dieu ! je suis mort ! » s'écria-t-il en portant à ses lèvres la poignée de son épée faute de croix.

Puis s'accrochant à l'arçon de la selle pour ne pas tomber : « Qu'on me descende au pied de cet arbre, ajouta le bon chevalier, et qu'on me place en sorte que j'aie la face regardant les ennemis ; ne leur ayant jamais tourné le dos, je ne veux pas commencer à cette heure ; au reste, c'est fait de moi, je sens toutes les douleurs qu'il est possible de sentir, hors la mort qui me prendra bientôt. »

Remerciant son fidèle compagnon, il dit : « Je n'ai que faire maintenant des médecins, j'ai plus à cœur de voir quelque prêtre. »

Un aumônier se présenta, Bayard lui fit dévotement sa confession, témoignant tout haut son repentir. Peu après avoir reçu le saint viatique, il joignit les mains en disant :

« Mon Dieu, je suis assuré que celui qui retourne à vous de bon cœur (c'est-à-dire celui qui fait de bon cœur le sacrifice de sa vie), quelque pécheur qu'il ait été, sera reçu à merci et que vous lui octroyerez pardon. Hélas ! mon Créateur et Rédempteur, je vous ai offensé, ce dont il me déplaît de tout mon cœur. Je connais bien que, quand je serais au désert mille ans au pain et à l'eau, encore ne mériterais-je pas d'avoir entrée au royaume du Paradis, si par votre grande bonté il ne vous plaisait de m'y recevoir... Mon Père et Sauveur, pardonnez-moi, ayant plus égard à votre grande miséricorde qu'à la rigueur de votre justice. »

Ensuite il rendit son âme à Dieu, ce dont les ennemis eux-mêmes eurent un deuil non croyable.

« Dieu avait doué le bon chevalier, continue le choniqueur, de toutes les vertus qui furent en parfait homme... Il aimait et craignait Dieu sur toutes choses, et jamais ne le jurait ni basphémait, en toutes ses affaires et nécessités avait recours à lui seul. Il aimait son prochain comme soi-même, et jamais n'eut un écu qui ne fût au service du premier qui en avait besoin... Il faisait ses aumônes secrètement... En pays de conquête même, jamais ne fut qu'il ne payât ce qu'il dépensait. Il honorait les gens de vertu et jamais ne parlait des vicieux. Il estimait un gentilhomme vertueux qui n'avait que cent francs de rentes, autant que celui qui en avait cent mille, disant que les biens n'anoblissent pas le cœur. »

Il s'était souvenu toute sa vie des recommandations de sa mère ; car lorsque Bayard, à peine âgé de treize ans, avait été donné comme page au duc Charles de Savoie, « sa pauvre dame de mère fit venir son fils près d'elle et lui dit : Pierre, mon ami, vous allez au service d'un gentil prince ; or, je vous commande trois choses, si vous les faites, soyez assuré que vous vivrez triomphalement en ce monde et en l'autre.

« La première, c'est que, devant toutes choses, vous aimiez, craigniez et serviez Dieu sans aucunement l'offenser... Sans lui et sans sa grâce, nous ne saurions faire une seule bonne œuvre en ce monde. La seconde est que vous soyez serviable à toutes gens ; ne soyez ni médisant ni menteur. Maintenez-vous sobrement quant au boire et au manger. Fuyez l'envie, car c'est un vilain vice. Soyez loyal et tenez votre parole, soyez secourable aux malheureux...

« La tierce chose que je vous recommande, c'est que, des biens que Dieu vous donnera, vous soyez charitable aux nécessiteux, car donner pour lui n'appauvrit jamais ; et sachez de moi que telle aumône que vous pourrez faire grandement, vous profitera au corps et à l'âme. »

LÉON

Bayard, c'est bien loin, grand-père ; je voudrais par exemple savoir si Napoléon, le chef de la *Grande Armée,* est mort en chrétien ; car il n'est pas un soldat qui aurait honte de mourir comme Napoléon !

LE GRAND-PÈRE

Je vais te raconter ce que dit le général de Montholon. Dans la dernière maladie il a passé plus de quarante nuits près de l'empereur, qui ne voulait pas accepter d'autre veilleur, lorsque tout à coup Napoléon demanda un soir l'abbé Vignali. Montholon, s'apercevant que le malade se rendait compte de son état, l'interrogea sur la préoccupation de son âme, l'empereur répondit sans hésiter :

« — Oui, vous avez compris, c'est le prêtre que je veux, et non le compatriote. » (L'abbé Vignali était Corse.)

Le lendemain, quand le général parut, Napoléon lui dit aussitôt avec une joie indéfinissable et dont l'expression ne lui était pas habituelle :

« — Général, je suis heureux, car j'ai cette nuit

rempli tous mes devoirs de chrétien. J'avais songé d'abord à ne rien dire, mais cela ne convient pas ; je *dois* et je *veux* rendre grâce à Dieu et *témoigner de ma foi.* »

Puis le guerrier mourant voulut encore donner lui-même les ordres suprêmes, afin « de dégager la responsabilité de ses amis, de prouver qu'il agissait volontairement et non d'après leurs conseils. » Il fit dresser un autel, exposer le Saint-Sacrement et commencer les prières des quarante heures.

Ensuite il expliqua comment il fallait organiser la chapelle ardente après sa mort : « Monsieur l'abbé, dit-il, vous direz ici la messe tous les jours jusqu'à ce que je sois en terre. Aussitôt que je serai mort, vous poserez ce crucifix sur mon cœur et vous ferez dresser l'autel à la tête du corps... » « Que la volonté de Dieu soit faite ! » fut la dernière parole du mourant.

Pendant qu'il parlait à l'aumônier, le médecin laissa échapper un sourire moqueur ; l'empereur, le foudroyant du regard, lui lança cette vigoureuse apostrophe : « Monsieur, si vous ne croyez à rien, tant pis pour vous ! quant à moi, je crois, je suis chrétien, catholique romain ; je veux remplir les devoirs de la religion, recevoir ses secours et demander ses prières ! »

LE BRIGADIER

Les souvenirs de la guerre de Crimée sont pleins du récit de morts sublimes dans leur simplicité. J'y étais, et j'en suis témoin.

Notre commandant Coué avait reçu une blessure grave à l'épaule ; la plaie commençait à se cicatriser, il semblait hors d'affaire lorsque, dans la nuit, par un temps affreux, il demanda l'aumônier retenu par de nombreux malades à une grande distance. Le brave officier que l'on croyait menacé d'une pleurésie, avait un épanchement mortel dans la poitrine, il se sentait mourir. « Lorsque j'entrai, dit le P. Gloriot, je fus frappé de la décomposition de ses traits ; je vis clairement que tout espoir était perdu. Il tenait dans la main gauche, la seule qui lui restât, un crucifix que la sœur lui avait donné. J'en pris occasion pour l'engager à supporter patiemment ses peines, à l'exemple de Jésus-Christ crucifié : « Oh ! me dit-il, ce crucifix est mon unique consolation. » Pendant plusieurs jours qu'il vécut encore, il avait constamment le crucifix dans sa main et sur la poitrine. »

LÉON

Bon, quand on a là un prêtre ; mais quand on meurt par une balle, ou bien *en chemin* pour l'ambulance, si on n'était pas prêt !

LE BRIGADIER

Mon garçon, si on n'est pas prêt, ça n'est jamais bon de mourir ; mais le bon Dieu laisse toujours une porte pour entrer au Paradis. Il y a de notre cœur au sien, comme qui dirait une sonnette, *la prière;* c'est là un bon coup de cloche, qui avertit saint Pierre d'ouvrir.

Je vais te conter une chose que tu es trop jeune pour avoir lue. C'est encore de la Crimée.

Tous les journaux ont publié une lettre touchante, relatant la mort sublime dans sa simplicité, d'un enfant de la Basse-Bretagne.

« Le caporal Jean Corbic était un brave soldat ; comme sa conduite était sans reproches sa mort a été un exemple

LE CAPORAL JEAN CORBIC.

« Mettez-moi à genoux..., je fais à Dieu le sacrifice de ma vie. »

le résignation chrétienne... Dès que Corbic fut blessé, je le fis porter à l'ambulance ; mais chemin faisant il se sentit mourir. Aussitôt il fit signe aux hommes qui le portaient de le poser à terre ; il leur dit : « Mettez-moi à genoux. » Dans cette posture humble, comme il convient quand on parle à Dieu, il fit une courte et ardente prière, se fit remettre sur le brancard et dit à ses camarades : « Maintenant je puis mourir, j'ai offert à Dieu le sacrifice de ma vie *en union avec la mort de Jésus-Christ, et ça fait aller droit au Paradis.* » Avant d'arriver à l'ambulance, Corbic avait cessé de souffrir : il était en Paradis. »

LÉON

Voilà comme j'aimerais, moi aussi, aller en Paradis. Et si j'y vais, comme je m'en flatte, c'est à vous, grand-père, et aux bonnes idées que tu me donnes aussi, mon bon frère, que je le devrai ; j'en dirai deux mots à la bonne Vierge en arrivant.

LE BRIGADIER

Ça, c'est la vérité vraie ! et même j'ai lu une belle lettre de notre aumônier de Crimée qui prouve, comme deux et deux font quatre, que l'éducation fait le bon soldat ; et que la bonne mort dépend de la bonne vie les trois quarts du temps.

Un de nos camarades d'une famille obscure avait été destiné dès l'enfance à l'état militaire ; ses goûts répondaient d'ailleurs aux désirs des parents. Il s'agissait de le préparer aux examens ; les ressources pécuniaires des parents n'étaient pas considérables. Un répétiteur sans principes offrit ses leçons au *rabais !* On hésita bien un instant, à sacrifier la vie morale de l'enfant pour un avantage temporel. On n'aurait pas manqué de bons maîtres *pour rien* si on avait parlé. Le marché fut conclu cependant. On vint à bout, à force de sacrifices, de conduire jusqu'au terme cette triste éducation. Les parents se disaient : « Espérons que le temps guérira ce cœur gâté... Bientôt les épaulettes nous dédommageront ! » L'enfant continuait, à grandir dans le mal. Il devint officier, puis capitaine.

« Un jour, écrit l'aumônier, je le rencontrai au milieu d'une action meurtrière, il était étendu sans forces. Je m'agenouillai près de lui. « Vous souffrez beaucoup, lui dis-je. — Ah ! Monsieur l'Abbé, me répondit-il avec un sourire sardonique, ce que c'est que la gloire humaine ! Voilà où elle conduit ! Je le sais maintenant par expérience. — Mais tout n'est pas perdu, capitaine, vous guérirez, et alors une décoration, un grade supérieur seront le prix de vos services. » Pour toute réponse, le capitaine m'engagea à soulever la couverture grossière qu'on venait de jeter sur lui. Un éclat d'obus lui avait arraché le côté, et je vis ses entrailles répandues sur la terre. « C'est vrai, m'écriai-je avec émotion, c'en est fait de la gloire humaine ; mais il y en a une autre pour le brave qui a fait son devoir. Dans l'autre vie... » J'allais continuer. « Monsieur l'Abbé, reprit le malade, ne me parlez pas de cela ! Je ne veux pas en entendre parler. — Mais, capitaine... — Ne m'en parlez pas, je vous le répète. J'ai travaillé pour la gloire. La gloire m'a fui, je mourrai dans le désespoir. » Je fis de vains efforts pour amener le mourant à des pensées plus consolantes. Son regard était effrayant, ses lèvres se contractaient sous la forme d'un sourire hideux, mélange de fureur et de désespoir... Hâtons-nous d'ajouter avec une immense consolation qu'un tel exemple est le seul qui ait frappé mes yeux pendant dix mois de mon séjour à l'armée de Crimée (1). »

LE GRAND-PÈRE

Il ne faut pas rester sur l'histoire d'une mauvaise mort, mes amis ; j'aime mieux vous raconter les derniers jours d'un homme que mon père a connu et vénéré ; ce brave militaire on l'a surnommé le *Saint du Poitou*.

Mes enfants, vous paraissez étonnés... Je « vais répondre à votre silence », comme disait un autre grand chrétien, philosophe celui-là (2). Oui, tous les soldats blessés peuvent l'imiter, car ce n'est pas ce glorieux surnom qui l'a rendu brave et saint ; mais ce sont ses vertus, qui ont mérité à M. de Lescure, une renommée qui vivra autant que le monde.

LÉON

J'ai entendu dire qu'avant de se battre M. de Lescure était très bon ; tout le pays l'aimait, tellement que l'ayant arrêté avec sa jeune femme, et plusieurs parents, les gendarmes leur dirent qu'il y avait dix jours que l'ordre en était arrivé ; mais tous leurs camarades du pays avaient refusé, et il ne s'en trouvait aucun parmi eux.... Voyant combien cette famille était aimée de tout le monde, ceux qui accomplirent la triste besogne étaient fort affligés ; ils imposaient silence au peuple qui criait dans les rues de Bressuire sans savoir pourquoi ; leur bonne volonté n'était pas achetée et on ne leur offrit aucun argent, l'amour de la justice les faisait agir.

---

(1) A. DE DAMAS, de la Compagnie de Jésus, aumônier au 2ᵉ corps de l'armée d'Orient.
(2) M. DE MAISTRE.

LE BRIGADIER

Ça c'est vrai, car j'étais au régiment avec un *pays* de Lescure, il racontait que sa famille n'était pas fière et demeurait toujours dans le pays, y faisant beaucoup de bien. Tous les dimanches on allait les voir et on dansait, on faisait des rondes ; les dames venaient aussi danser, on causait avec les paysans de tout ce qui les intéressait. Pendant la Révolution, les fermiers voulaient quand même lui payer leurs fermes ; mais lui, défendit de rien recevoir, disant que « le peuple était assez malheureux des révolutions » ; ce qui l'occupait le moins, c'étaient ses droits.

Du reste, je sais encore d'autres très belles choses, qui sont pour plus tard. Aujourd'hui, écoutons sa mort, puisque nous parlons des belles morts.

LE GRAND-PÈRE

J'ai lu ces détails superbes dans l'écrit de sa veuve, et quelquefois même j'ai copié les plus beaux passages.

C'était donc le 15 octobre 1793. M. de Lescure se rendant à Cholet se trouvait, comme à son ordinaire, au premier rang ; il savait que les Bleus étaient proches, arrêtant sa troupe, il s'avance pour reconnaître le pays. « Il monte sur un tertre élevé, se trouve dans un champ et voit à quinze pas un bataillon ennemi ; il crie aussitôt aux paysans : *Avancez !* leur faisant signe du sabre. A ce moment il reçoit une décharge ; une balle lui traverse la tête entre la tempe gauche et les sourcils, puis sort derrière l'oreille. Il tombe raide de cheval...

« Cependant l'avant-garde, au bas du tertre, entendant crier : *Avancez !* s'était élancée dans le champ avec tant de fureur qu'elle passa sur son général sans le voir, et fit d'abord reculer l'ennemi ; mais bientôt les Mayençais (1) reprenant le dessus grâce à une colonne de réserve qu'on n'avait pas aperçue, donnèrent la déroute aux Vendéens. Cette bataille se livra dans les avenues du château de la Tremblaye. Bontemps, domestique de M. de Lescure, arriva deux minutes après qu'il fut blessé ; il le trouva baigné dans son sang et privé de connaissance. M. Renou (que son énergie fit surnommer *Bras-de-Fer*), exposé à une grêle de balles, cherchait à arrêter le sang. Voyant qu'il respirait encore, Bontemps fit attacher son maître en croupe derrière lui et soutenir par deux soldats ; il trouva le moyen de le sauver par miracle, au milieu de la déroute. Ne pouvant aller qu'au pas, il le mena à Beaupréau (2).

Cependant Madame de Lescure qui, par dévouement à son mari, suivait l'armée, ignorait le sort du blessé ; on lui dit seulement qu'il était à Beaupréau. Arrivée à Montjean près de là, et ayant appris qu'on allait célébrer la messe avant la bataille, elle voulut se confesser. Un excellent prêtre, plein de zèle et d'intelligence, sut qu'elle ignorait la mort de M. de Lescure (car on le croyait tué raide), voulut la préparer à ce malheur et après lui avoir fait l'éloge des vertus du héros il ajouta, raconte Madame de Lescure, « que Dieu ne se contentait pas d'être servi par moi comme une bonne chrétienne, qu'il m'appelait à une plus grande sainteté ; qu'il voulait m'éprouver et me rendre martyre ; que je devais m'attendre aux plus grands malheurs, me résigner à tout et penser à la récompense qui m'était réservée. » Peu après, quelques personnes,

---

(1) Troupes revenues de Mayence et les meilleures de la République, qui ne trouvait pas les paysans de la Vendée incapables de se mesurer avec les plus fortes armées régulières.

(2) Prononcez : *Beauprau*.

rejoignant la malheureuse femme, lui apprirent que M. de Lescure, qu'on croyait mort, était blessé et se trouvait à Chaudron... « Je sus alors, disent les *Mémoires,* ce qu'on m'avait caché... Je trouvai M. de Lescure dans un état affreux : il pouvait à peine parler, tant sa figure était enflée ; tous les os de sa tête étaient fracassés ; il était de plus livré à l'inquiétude, me croyant prise ;... nous partîmes la nuit pour nous rendre à Saint-Florent. On portait à bras M. de Lescure sur un lit couvert avec tout le soin possible... Nous y arrivâmes au lever du soleil dans la position la plus cruelle... »

C'est à Saint-Florent que les Vendéens passèrent la Loire. M. de Lescure refusait absolument de quitter le pays et répétait qu'il y voulait mourir ; dans l'état désespéré où il se trouvait, on parvint à lui persuader de laisser ses amis le mettre en sûreté. On emporta M. de Lescure, enveloppé dans des couvertures, sur une espèce de fauteuil de paille, on le promena un peu sur la plage pour éloigner la foule et l'on parvint à l'embarquer ; arrivé dans la petite île que forme la Loire entre Saint-Florent et Varades, quatre soldats passèrent deux piques sous le fauteuil de M. de Lescure et le portèrent ; Madame de Lescure avec sa femme de chambre tenaient un linge sur lequel les pieds du malade étaient appuyés... Une vive fusillade se fit alors entendre, et malgré les instances du blessé on le transporta dans un petit bois à l'abri des balles... Après quelques heures, on put atteindre Varades. M. de Lescure ne se faisait aucune illusion, mais par un effort suprême il réunit les chefs en conseil, parla longuement du sort de l'armée ;... il refusa absolument l'offre de se cacher pour se guérir, dans la crainte de ne pouvoir rejoindre ses paysans s'il survivait à sa blessure. Bientôt à la tension d'esprit succéda une agitation qui redoubla ses douleurs, et il retomba dans l'état le plus affreux. Comment faire suivre une armée par un moribond qui ne pouvait supporter les cahots de la charrette ? Le dévouement est ingénieux : sur un brancard, un fauteuil de paille était couvert de draps, soutenus par des cerceaux qui garantissaient le blessé du froid et de l'air ; Madame de Lescure suivait à pied le triste cortège qui semblait un convoi funèbre ; le blessé jetait des cris si douloureux que sa jeune femme ne songea pas à ses valeurs ; ses diamants, bijoux et dentelles les seules ressources qu'elle portait, furent perdues dans cette lugubre journée. De plus, elle avait oublié de manger le matin, et les blessés ayant demandé du pain elle leur donna le sien et arriva, mourant de faim, sans autre nourriture, au bout de douze heures, que deux pommes de terre. M. de Lescure était soigné dans une maison de Laval lors de la déroute des Bleus. Pendant le combat, « oubliant sa blessure et ses douleurs, il voulait monter à cheval pour aller au combat... Il resta plus d'une heure à la fenêtre, encourageant les soldats de la main et de la voix ; il en fut tellement fatigué que depuis il ne s'est point relevé. »

« Nous restâmes neuf jours à Laval, écrit l'illustre veuve ; un matin M. de Lescure paraissait assoupi, il m'appelle et me dit : « Ma chère amie, ouvre les rideaux... le jour est-il clair ? — Oui, lui répondis-je. — J'ai donc un voile sur les yeux, je n'y vois plus distinctement ; j'ai toujours cru être blessé à mort, je n'en doute plus maintenant, je vais te quitter... Ta douleur seule me fait regretter la vie ; pour moi, je meurs tranquille ; sûrement j'ai péché, cependant je n'ai rien fait qui trouble ma conscience et me donne des remords... Je vais au Ciel avec confiance... » Il me disait encore : « Console-toi par l'idée que je serai au Ciel, Dieu m'inspire cette confiance. » Il voulait faire ses dévotions, bien que s'étant déjà confessé à Varades, et répétait aux médecins qui lui donnaient de l'espoir : « Je crois que vous vous trompez. »

« Le 2 novembre, le lugubre cortège sort de Laval et le lendemain arrive à Ernée... Le soir, on s'aperçut tout à coup que la mort approchait ; vers minuit M. de Lescure demanda son confesseur, reçut l'absolution et l'extrême-onction... Il levait les yeux au Ciel et me regardait en pleurant ;... il fallut vers midi se décider à partir. On mit un matelas dans la voiture, on l'y coucha... J'y entrai d'abord avec lui ; mais, voyant que le chirurgien était plus utile que moi, je montai à cheval. Au bout de trois quarts d'heure, je vis arrêter et ouvrir la voiture, j'entendis des gémissements, je voulus m'y précipiter. On la referma ; on me dit que M. de Lescure était dans le même état ; je n'osai insister, car le moindre air lui faisait mal... Je me doutais de mon malheur ; j'étais dans un état affreux ; j'ai su depuis que dans ce moment-là M. de Lescure venait de mourir... Lorsque la voiture arriva à Fougères, je rappelai à M. de Beauvollier la promesse qu'il m'avait faite de me mener près de M. de Lescure s'il respirait encore... Il sortit, revint l'instant d'après, fondant en larmes, me serra la main... On trouva sur son corps la marque de cilices... Il fut enterré secrètement et on n'a jamais pu savoir à quel endroit. Mais pendant qu'il jouit du bonheur des saints au Ciel, sa mémoire est en bénédiction sur la terre, et elle vivra éternellement (1) ! »

(1) *Mémoires de la marquise de La Rochejaquelein.*

CHAPITRE V

Le Fléau et l'Expiation.

LE BRIGADIER

Je vous attends aujourd'hui, grand-père, sur un terrain brûlant... et pour un peu, je n'oserais pas faire mes questions devant cette *jeunesse de frère* qui n'y comprend rien encore! mais bah! je me dis que vous en savez assez long pour nous *peloter* tous, et je me lance... En avant, marche!

LE GRAND-PÈRE

Parle, mon ami, mais raisonnablement.

LE BRIGADIER

Voilà ma réflexion. Je me dis : La guerre est un grand malheur, si bien que dans les Litanies on dit au bon Dieu : « *Délivrez-nous de la peste, de la famine et de la guerre* », et puis voilà que la plus belle carrière est celle des armes! Les plus glorieux, ce sont les braves à la guerre! Et ordinairement les meilleurs citoyens, ce sont les soldats les plus intrépides! Il est vrai que je me demande l'explication un peu tard, puisque je suis sorti sain et sauf de la bataille ; mais enfin c'est pour savoir... et puis Léon est encore là, et il va partir.

LÉON

Tiens mais, tu as raison ! Tous les jours on est exposé à tuer des ennemis, et pourtant on ne fait pas de mal !

LE GRAND-PÈRE

On ne fait pas de mal quand c'est dans la bataille, et qu'on ne se sert pas de trahison ; par exemple on ne pourrait pas empoisonner ses ennemis, ni les tuer quand le combat est fini. Nous parlerons un jour des prisonniers.

Mais votre question, mes enfants, est très sérieuse et je vous lirai ce qu'a écrit M. de Maistre dans un ouvrage magnifique qui parle de beaucoup de choses (1). En traitant de la guerre qui répugne naturellement à l'homme honnête, comme le sont les soldats, il dit entre autres :

« Expliquez pourquoi ce qu'il y a de plus honorable dans le monde, au jugement de tout le genre humain sans exception, est le droit de verser innocemment le sang innocent ? Regardez-y de près, et vous verrez qu'il y a quelque chose de mystérieux et d'inexplicable, dans le prix extraordinaire que les hommes ont toujours attaché à la gloire militaire... Les fonctions du soldat sont terribles ; mais il faut qu'elles tiennent à une grande loi du monde spirituel, et l'on ne doit pas s'étonner que toutes les nations de l'univers se soient accordées à voir dans ce fléau quelque chose encore de plus particulièrement divin que dans les autres ; croyez que ce n'est pas sans une grande et profonde raison que le titre de

(1) *Soirées de Saint-Pétersbourg.*

Dieu des armées brille à toutes les pages de l'*Ecriture sainte*.

« Coupables mortels! et malheureux *parce que* nous sommes coupables! C'est nous qui rendons nécessaires tous les maux physiques, mais surtout la guerre... observez de plus, que cette loi déjà si terrible de la guerre, n'est cependant qu'un chapitre de la loi générale qui pèse sur l'univers.

« Dans le vaste domaine de la nature vivante, il règne une violence manifeste, une espèce de rage prescrite qui arme tous les êtres à leur mutuelle destruction : dès que vous sortez du règne insensible, vous trouvez le décret de la mort violente écrit sur les frontières mêmes de la vie. Déjà dans le règne végétal, on commence à sentir la loi... combien de plantes *meurent* et combien sont *tuées* ! mais dès que vous entrez dans le règne animal, la loi prend tout à coup une épouvantable évidence... dans chaque division du règne animal, un certain nombre d'animaux sont chargés de détruire les autres... La main destructrice de l'homme n'épargne rien de ce qui vit : il tue pour se nourrir, il tue pour se vêtir, il tue pour se parer, il tue pour attaquer, il tue pour se défendre, il tue pour s'instruire, il tue pour s'amuser, il tue pour tuer : roi superbe et terrible, il a besoin de tout et rien ne lui résiste...

« Mais cette loi s'arrêtera-t-elle à l'homme? non sans doute. Mais comment pourra-t-il accomplir la loi?... c'est la guerre qui accomplira le décret... l'anathème doit frapper plus directement et plus visiblement sur l'homme. L'Ange exterminateur tourne comme le soleil autour de ce malheureux globe, et ne laisse respirer une nation que pour en frapper d'autres. Mais lorsque les crimes se sont accumulés jusqu'à un point marqué, l'ange presse sans mesure son vol infatigable... il s'avance sur certaines nations et les baigne dans le sang... On croit voir ces grands coupables éclairés par leur conscience, qui demandent le supplice et l'acceptent pour y trouver l'expiation. »

LE BRIGADIER

Bravo au bon Dieu ! On peut regarder ce fléau comme une *expiation* et un *remède ;* et le sang du soldat peut racheter la patrie !

LE GRAND-PÈRE

C'est cela même ; mais écoutez la fin de ce beau morceau :

« La guerre est donc divine en elle-même, puisque c'est une loi du monde.

« La guerre est divine par ses conséquences d'un ordre surnaturel... Qui pourrait douter que la mort trouvée dans les combats n'ait de grands privilèges ? Et qui pourrait croire que les victimes de cet épouvantable jugement aient versé leur sang en vain ?

« La guerre est divine dans la gloire mystérieuse qui l'environne, et dans l'attrait non moins inexplicable qui nous y porte.

« La guerre est divine dans la protection accordée aux grands capitaines, même aux plus hasardeux, qui sont rarement frappés dans les combats, et seulement lorsque leur renommée ne peut plus s'accroître et que leur mission est remplie.

« La guerre est divine par la manière dont elle se déclare... Car combien ceux qu'on regarde comme les auteurs immédiats des guerres, sont entraînés eux-mêmes par les circonstances ! Au moment précis, amené il est vrai par les hommes mais prescrit par la justice, Dieu s'avance pour venger l'iniquité que les habitants du monde ont commise contre lui...

« La guerre est divine dans ses résultats qui échappent absolument aux spéculations de la raison humaine... Il y a des guerres qui avilissent les nations, et les avilissent pour des siècles ; d'autres les exaltent, les perfectionnent de toutes manières, et remplacent bientôt même les pertes momentanées, par un surcroît visible de population... mais il y a des guerres vicieuses, des guerres de malédiction que la conscience reconnait... les nations en sont blessées à mort, et dans leur puissance et dans leur caractère ; alors vous pouvez voir le vainqueur même dégradé, appauvri et gémissant au milieu de ses tristes lauriers...

« La guerre est divine par l'indéfinissable force qui en détermine le succès... On a dit : « Dieu est toujours pour les gros bataillons. » Il est clair que dans les lois générales, cent mille hommes sont plus forts que cinquante mille... mais si la proposition générale et mathématique est incontestable, un homme habile peut profiter de certaines circonstances, et un seul Horace tuera les trois Curiaces... Une armée inférieure en nombre, si elle a plus de courage, d'expérience et de discipline pourra battre une armée supérieure ; car elle a plus d'action avec moins de masse, et c'est ce que nous voyons à chaque page de l'histoire... Combien de circonstances imprévues peuvent déranger l'équilibre, faire avorter ou réussir les plus grands projets en dépit de tous les calculs de la prudence humaine ! Quatre siècles avant notre ère, des oies sauvèrent le Capitole ; neuf siècles après la même époque, sous l'empereur Arnoulf, Rome fut prise par un lièvre. Je doute que, de part ni d'autre, on comptât sur de pareils alliés, ou qu'on redoutât de pareils ennemis.

L'histoire est pleine de ces évènements inconcevables, qui déconcertent les plus belles spéculations.

« Si vous jetez d'ailleurs un coup d'œil plus général sur la guerre, vous conviendrez que nulle part la main divine ne se fait sentir plus vivement à l'homme : on dirait que c'est un *département* dont la Providence s'est réservé la direction, et dans lequel les succès de l'homme y dépendent presque entièrement de ce qui dépend le moins de lui. Jamais il n'est averti plus souvent et plus vivement qu'à la guerre, de sa propre nullité...

« Prions Dieu de toutes nos forces qu'il écarte de nous et de nos amis la *peur* qui est à ses ordres, et qui peut ruiner en un instant les plus belles spéculations militaires... Car s'il y a une peur de femme qui s'enfuit en criant... il y a une autre peur bien plus terrible, qui descend dans le cœur le plus mâle, le glace, et lui persuade qu'il est vaincu. Voilà le fléau épouvantable toujours suspendu sur les armées...

« Donc toujours il faut demander à Dieu des succès, et toujours il faut l'en remercier ; or, comme rien dans ce monde ne dépend plus immédiatement de Dieu, — il faut redoubler nos vœux lorsque nous sommes frappés de ce fléau et exprimer notre reconnaissance au *Dieu des armées*, lorsque nos armes ont été heureuses. »

LE BRIGADIER ET LÉON ENSEMBLE

C'est superbe, superbe ! Comment se fait-il qu'on ne prie pas toujours avant la guerre, et à la guerre ?

LE GRAND-PÈRE

C'est d'autant plus inconcevable que *tous* les peuples guerriers et tous les conquérants, même païens, ont

UN RÉGIMENT A FOURVIÈRES.

reconnu que le succès des armes dépend de Dieu seul. Je vais vous en donner la preuve.

LÉON

A commencer par les Romains, grand-père, car à l'école on nous enseigne leur histoire. Ça n'est pas comme dans l'école du *Monsieur,* où l'on n'apprend que les journées de la Révolution, la vie des mauvais sujets et des *riens du tout!*

Dans le beau livre composé par tous les savants et qui est signé DE VORREPIERRE, j'ai vu que les Romains consultaient les auspices avant de décider et d'entreprendre une affaire publique ou privée de quelque importance : mariage, élection de magistrats, surtout expédition guerrière. Dans les plus beaux temps de la République Romaine, avant que les charges devinssent vénales, dans ces époques glorieuses où le service de la patrie était l'apanage exclusif des nobles patriciens, le chef de l'armée, païenne cependant, recevait les auspices avec le commandement des troupes ; le serment militaire n'obligeait pas le soldat si les auspices n'avaient pas été prises régulièrement. L'on disait d'une guerre qu'elle était entreprise « sous la conduite et les *auspices* de tel général. » Les auspices se prenaient soit dans les temples, soit dans un espace découvert consacré d'où l'on pouvait voir en même temps le ciel et la terre, regardés comme le temple de la divinité. Dans les camps romains et à la droite de la tente du général, un espace vide était assigné aux prêtres (ou aruspices) qui prenaient les auspices.

LE GRAND-PÈRE

A la bonne heure, tu as bien retenu ; tu as compris surtout que ça serait une honte pour des chrétiens de faire moins pour le bon Dieu, que les païens pour leurs statues de Jupiter et de Mars !

Hélas ! le mal est sur la terre et il y est très justement : il est la *suite du péché*, mais il devient si nous le voulons, le *remède* et l'*expiation*, tant il est vrai que, même dans sa justice, Dieu ne punit qu'en père !

« De tous les fléaux ceux que nous appelons *les fléaux du ciel* sont nécessairement la suite d'un grand crime national ou de l'accumulation des crimes individuels, de manière que chacun de ces fléaux pourrait être prévenu d'abord par une vie meilleure, et ensuite par la prière. »

Dans les malheurs extraordinaires, dans l'affaissement extraordinaire des esprits, il faut regarder plus haut, et, comme l'a dit un éloquent orateur : « Les nations ne périssent point par la défaite, ni par la faim ; ce n'est que dans les causes morales qu'il faut chercher la raison de leur amoindrissement. »

LE BRIGADIER

Aussi, puisque nous avons été vainqueurs, en Algérie et en Crimée, je vais vous dire comment se comportaient nos camarades, et comment nos chefs donnaient l'exemple.

CHAPITRE VI

Roumiaken. — La Messe au Camp.

I

LE BRIGADIER

A mon tour de vous conduire en Algérie, puis en Crimée, à la suite de nos bataillons.

Vous savez peut-être qu'en arrivant en Afrique, il n'y avait pas d'aumôniers avec les troupes, et on n'était pas dévot; même on ne se montrait pas chrétien!

Nous étions toujours en marche, et il est à penser que sur cette terre musulmane, n'ayant pas amené un seul prêtre, nous n'en trouvions nulle part.

Ça ne nous faisait pas une bonne réputation; si bien qu'Abd-el-Kader, tout Arabe qu'il était, pouvait nous en remontrer, car il se prosternait en présence de ses troupes sept fois le jour, et il s'étonnait beaucoup de ne pas voir les soldats français prier. Un jour, il dit à un officier: « Je croyais les Français d'aujourd'hui semblables à ceux qui, autrefois, conquirent Jérusalem; mais ceux qui ont conquis Alger ne ressemblent en rien à leurs ancêtres. J'entends même dire que quelques-uns ne reconnaissent pas de Dieu : en effet, ils n'ont construit aucune église, et les ministres de leur religion sont peu respectés... Beaucoup de soldats ne prient jamais... Dieu les abandonnera, puisqu'ils l'abandonnent. »

« Un jour, des Arabes qui travaillaient près du camp, s'étant arrêtés au signal de la Cebahh, ou prière du matin, pour remplir ce devoir, nous les regardions, moi comme les autres, d'un air bêtement goguenard avec force ricanements. Quand ils se relevèrent, nous les entendîmes causer entre eux dans leur baragouin inintelligible. Mais un œil observateur devinait sans peine qu'ils parlaient de nous, et point du tout sur le ton de l'éloge.

« L'un d'eux, dont je m'approchai, vieil Arabe à la mine renfrognée, me toisant d'un air assez peu courtois, me salua à deux ou trois reprises d'un *roumiaken, roumiaken,* mot dont je connaissais la signification, et qui, dans le mauvais langage du peuple indigène, veut dire *chien*.

« — Drôle, lui dis-je d'un air menaçant, pourquoi m'appelles-tu ainsi?

« Or notre Arabe se trouvait savoir notre langue, qu'il avait apprise au service d'un consul. Sans s'étonner, il me regarda résolûment en face, tout en jouant avec sa pioche, qui, dans ses mains, pouvait devenir une arme redoutable, et répondit:

« — Si nous t'appelons *roumiaken,* c'est que vous vivez comme ces bêtes immondes, indifférents à la loi de Jésus comme à celle du Prophète. Et dis-moi, Français, sans la religion, ne vois-tu pas que l'homme et l'animal sont semblables? »

« Surpris de l'argument, qui me paraissait péremptoire, je ne trouvai pour l'instant rien à répondre ; mais ne voulant pas en avoir le démenti, et vexé d'avoir tort, je tournai le dos au bédouin en grommelant: *Brute!* Ce qui ne faisait pas que j'eusse raison. Depuis, j'y ai réfléchi, et je me suis mis à penser que, de nous deux, la brute, peut-être, ce n'était point le musulman ! (1) »

Mais peu à peu les chefs, en particulier Bugeaud et La Moricière, firent nommer des prêtres pour être curés des villes que nous occupions, même on eut un évêque à Alger.

Ce qu'il y a eu de plus beau dans le temps que j'y étais, ç'a été la messe au camp avant de partir pour la Kabylie.

II

Le général Randon préparait une expédition pour forcer les tribus qui refusaient l'impôt. Il demandait à Horace Vernet, le peintre immortel des batailles africaines, d'accompagner les troupes : « Je vous suivrai, répondait le grand artiste devenu fervent chrétien, si je puis emmener mon Père Régis (2).

L'humble abbé hésitait : quitter son monastère pour suivre les guerriers, laisser même un instant le silence du trappiste pour les tumultes des camps, lui semblait insolite. Il consulte ses religieux qui insistent pour le départ ; car Randon, bien que protestant à cette époque,

---

(1) *France héroïque*, B. Douniol.
(2) Horace Vernet avait rencontré le P. Régis, abbé de la Trappe de Staouëli, sur la place d'Alger un jour qu'il la traversait avec le général Randon et le général Yusuf. Le Père invita Vernet à visiter la Trappe, et dans la promenade, le cœur du grand artiste qui cherchait déjà le chemin de la piété, s'ouvrit à l'affection discrète du trappiste. Il retourna vers cet asile de paix et de travail, y demeura pendant la semaine-sainte et en sortit chrétien pratiquant. Au jour de la communion pascale il voulut porter toutes les décorations qui couvraient sa poitrine, pour en faire un solennel et public hommage au Dieu de l'Eucharistie.

faisait valoir l'heureuse influence qu'aurait sur le moral des troupes ce rapprochement du moine et du soldat. Mgr Pavie, évêque d'Alger, décida le Père Régis par ces belles paroles: « Allez, mon Père, *il est bon que la religion accompagne partout le drapeau de la France!* »

« Avant de commencer les hostilités, le général Randon sommait les tribus de se soumettre et leur donnait trois jours de délai. Vers le milieu du troisième jour, les quarante-cinq cheiks du pays se présentaient au camp pour payer le tribut, amenant encore cinquante otages, fils des familles les plus importantes.

« Le gouverneur les reçut avec dignité. Toutes les troupes étaient réunies sous les armes, il fit ranger les cheiks d'un côté, les otages de l'autre, et un officier, qui parlait arabe, servit d'interprète pour faire prêter aux vaincus le serment de fidélité.

« Après avoir prononcé ce serment, les Arabes se mirent en devoir de compter les piastres qu'ils portaient dans les capuces de leurs burnous. Alors le gouverneur élevant la voix: « Vos otages, s'écria-t-il, nous les garderons, non pour leur faire du mal, mais pour vous les rendre si vous êtes fidèles. Quant à votre argent, reprenez-le ; nous en avons plus que vous. »

« Non content de cette générosité, il nomma les cheiks, caïds pour la France, et les revêtit du burnous rouge, insigne de leur nouvelle fonction. Il ajouta à cette marque de confiance, des présents et de bonnes paroles. Ces pauvres gens étaient ravis.

« Cette scène imposante se passait le 14 juin, anniversaire du débarquement des Français à Sidi-Ferruch (1). C'était un dimanche : le gouverneur général Randon se

---

(1) C'était à la patriotique initiative du P. François Régis que l'on devait de célébrer déjà ce glorieux anniversaire.

tournant vers le P. François Régis qui se tenait debout à ses côtés, lui dit : « A vous, l'honneur de terminer cette belle cérémonie. »

« Aussitôt ordre est donné de dresser un autel. Horace Vernet veut présider lui-même au choix et à la disposition du lieu. Par ses soins, les sapeurs du génie abattent un chêne dans la forêt et en construisent une grande croix rustique. Devant cette croix plantée sur un point culminant, des tambours, rangés les uns sur les autres, forment le point d'appui sur lequel repose la table sacrée. Quelques fleurs, cueillies sur les bords du torrent, servent de parure à l'autel improvisé, et, pour suppléer aux flambeaux liturgiques dont la brise de mer agite et menace la flamme, le bateau à vapeur qui stationne dans la rade fournit deux superbes falots.

« Bientôt l'abbé de Staouëli commença l'office divin, revêtu des insignes de la dignité abbatiale. L'armée était rangée en demi-cercle derrière lui ; les généraux et l'état-major se tenaient au centre ; sur les côtés, les Arabes contemplaient avec admiration ce spectacle nouveau. Tout près murmurait la Méditerranée, et les hautes montagnes, étagées les unes sur les autres, formaient autour de ce tableau un cadre majestueux.

« Au moment de l'Elévation, les braves soldats d'Afrique fléchirent le genou devant le Dieu des armées, et quand, au son du clairon, au roulement des tambours qui battaient aux champs, se mêla la voix solennelle du canon, quand le prêtre éleva la sainte hostie, à demi voilée par un nuage de fumée guerrière, seul encens digne d'un tel sacrifice, le peintre des batailles se sentit profondément ému ; soudain une pieuse inspiration sollicita son âme d'artiste ; il promit d'immortaliser par son pinceau la belle scène dont l'harmonie et la grandeur répondaient aux sentiments qui remplissaient son cœur (1). » C'est pour ce tableau, qu'il appelait *Ma Messe,* que le grand peintre réserva sa tendresse d'artiste : « C'est que ce tableau, disait-il, je l'ai fait avec le cœur. »

III

En Crimée, les troupes de terre comme celles de la flotte, avaient des prêtres.

L'armée française d'Orient eut en permanence vingt-huit aumôniers dont treize moururent à leur poste, soit des rudes fatigues de la vie des camps, soit du typhus gagné en visitant nos malades et nos blessés dans les ambulances.

Pendant le rigoureux hiver de 1854-55, les aumôniers virent constamment leurs tentes assiégées par la foule des soldats. Chaque dimanche, l'église était pleine et, quelque temps qu'il fît, des centaines d'hommes, qui n'avaient pu trouver place à l'intérieur, stationnaient aux abords...

« Face à face avec l'ennemi, personne n'est sûr du lendemain ; le danger trempe l'âme, l'on comprend qu'il y a quelque chose au delà de la vie. Et ces braves, qui oserait les accuser d'hypocrisie ? L'officier qui a vu ses hommes frémir au moment de l'Elévation, quand les tambours battent aux champs, sait bien que dans sa vie aventureuse et insouciante, le soldat peut être plus ou moins tenté de doute, mais qu'à certain moment les croyances de son enfance reparaissent toujours, et viennent le réconforter.

---

(1) *Dom François Régis,* par l'abbé BERSANGE, p. 290.

LA MESSE AU CAMP DEVANT SÉBASTOPOL (page 80).

« Le dimanche de pâques, 8 avril, la messe eut une solennelle grandeur ; l'aumônier fit dresser la tente sur la hauteur près de l'ambulance, de façon à dominer les corps en avant et en arrière ; elle pouvait même s'apercevoir des tranchées. La sonnette était remplacée par le clairon ; le prêtre, revêtu d'un surplis, avec une simple croix de *pardon* pour chasuble, officia sous un dais de toile, ayant pour autel quelques tambours, pour coupole le ciel, pour orchestre le canon. Les balles et les bombes, qui avaient semblé se taire un instant, envoyèrent au moment précis de l'Elévation une décharge effroyable, que les soldats regardèrent comme une *salve* au Dieu des batailles.

« La prière du soldat, qui peut-être sera mort demain dans l'acte du sacrifice, doit monter droit au ciel. En sortant de là, écrit un conscrit à sa mère, je marche gaiement à la tranchée ou au combat en me disant : En avant ! ta mère prie pour toi et Dieu te protège ! »

L'exemple venait de haut ; c'était la meilleure prédication. Le dimanche, malgré le froid excessif, le général en chef, qu'il s'appelât Saint-Arnaud, Pélissier ou Canrobert, suivi de son état-major et de tous les officiers, traversait la neige épaisse pour entendre la messe dans l'étroite cahute dont l'aumônier était obligé, à cause du froid, de faire une chapelle.

« Pourvu que nous ayons des prêtres, répétaient à l'envi ces braves soldats, la France peut nous demander notre vie, nous ne reculerons pas. Voyez-vous, nous sommes de l'Alsace, écrivait un caporal, un pays où les choses se font bien... On apprend bien tous ses devoirs et on ne les oublie pas. Voilà à quoi sert le catéchisme : cela sert à faire aimer son père, sa mère, sa famille et Dieu par-dessus tout ; cela sert à faire préférer la mort, si le devoir ou le bien du pays l'exige... Et s'il y a des *propres à rien* pour se moquer de la religion, qu'ils viennent donc voir à la bataille ceux qui reculent! On leur en dira deux mots. »

Pendant une messe, suivie d'une grande revue, la tenue martiale des régiments avait été fort remarquée; un spectateur fit cette réflexion : « C'est beau! ils ont l'air « heureux aujourd'hui. Il faudra voir là-bas si ce n'est « pas autre chose. » Le beau parleur avait été entendu d'un vieux soldat, qui lui donnant un grand coup sur l'épaule lui lance cette verte apostrophe : « Ah! ça, vous m'avez l'air d'un fameux bourgeois, vous, pour ne pas dire d'un fameux *pékin*. Si vous aviez seulement pour deux liards d'instruction, vous sauriez que si le troupier prend quelquefois du chagrin, c'est à la caserne; *devant l'ennemi, jamais!* »

M. Paul de Molènes, brave capitaine et sympathique écrivain, a fait de belles descriptions dans ses *Commentaires d'un soldat*. Il dit, par exemple, à ce sujet :

« De la baraque du général Canrobert on apercevait deux autres bâtiments en planches, rappelant à chacun les deux étapes du chemin qui conduisait tant d'entre nous au cimetière : l'ambulance et l'église. Cette église avait reçu le corps du général Bizot... Cet humble édifice était, suivant moi, la seule grâce consolatrice.

« Où manque le feuillage et la verdure, on est heureux de voir s'élever une Croix; c'est d'une floraison éternelle que nous parle ce bois dépouillé. Je me serais bien gardé, si je l'avais pu, de transporter ailleurs cette demeure sacrée. Quelquefois un nuage blanc et léger semblait presque en effleurer le toit; c'était quelque obus ennemi qui éclatait avant de toucher le sol. De pareils accidents faisaient bien. Tout ce qui évoque, autour d'un symbole religieux, les périls, la souffrance et la misère, tout ce qui ramène notre foi à ses obscures et sanglantes origines, doit être accueilli avec bonheur. Cette petite église, à portée de canon, où tant de bières hâtivement clouées ont fait une halte rapide, aura peut-être occupé ici-bas une grande place parmi les maisons de Dieu. Comme l'ambulance, sa voisine, elle exhalait une odeur de souffrance ; seulement c'était l'odeur de la souffrance acceptée en ce monde et bénie dans l'autre, qui, à l'heure de la délivrance éternelle, devient la plus précieuse essence dont puissent se parfumer les âmes. »

CHAPITRE VII

LE GRAND-PÈRE

Aujourd'hui, mes enfants, c'est vous qui allez me relire un de mes anciens chefs-d'œuvre. Ça me rappellera mon jeune âge, et mes compositions de collège.

Le brigadier lit :

SUR LE REMPART DE SEDAN

Au XVIIe siècle, la citadelle de Sedan n'existait pas ; un château-fort, manoir de l'ancienne féodalité, était la résidence ordinaire de Henri de La Tour d'Auvergne, prince souverain de Sedan, dont la femme Elisabeth de Nassau allait donner deux fils à l'armée.

L'un d'eux cachait sous une apparence frêle et délicate un cœur vaillant et fort, un esprit prompt et réfléchi, une vivacité curieuse qui le portait à rechercher dans les anciens auteurs, les traits héroïques de la vie des grands hommes. Les récits de Quinte-Curce en particulier enflammaient sa jeune imagination, il prenait pour la phalange macédonienne un tel enthousiasme qu'il ne pouvait se consoler de vivre si loin d'Alexandre ! Comme il était d'usage dans les familles bien réglées, l'enfant devait se retirer de bonne heure et se coucher aussitôt.

Un jour le précepteur se rendant à la chambre de son élève fut bien surpris de ne pas le trouver au lit ; à peine si l'aube commençait à paraître. La neige épaisse couvrait la terre, aucun serviteur n'était encore sorti. Qu'est-il devenu ? Inquiet, le professeur ouvre la fenêtre et reconnaît la trace d'un enfant, il s'élance dans l'allée ; mais bientôt les vestiges des petits pas se perdent dans les rues de la ville. C'est au hasard qu'il faut marcher, c'est l'angoisse au cœur que le gouverneur implore le Ciel pour découvrir l'enfant ! Et que répondre aux questions du père s'il ne se retrouvait pas ? Quelle responsabilité ! Que lui est-il arrivé ? Au milieu de ces tristes réflexions, le précepteur parvient jusqu'aux remparts ; stupéfait il s'arrête... Turenne, car c'était lui, endormi sur l'affût d'un canon, couvert de neige et transi de froid, avait passé une excellente nuit, sa première nuit à la belle étoile !

« — Grand Dieu ! que faites vous là ? lui dit le professeur en l'éveillant.

« — Ce que vous voyez ! Je commence.

« — Vous commencez... quoi donc ?

« — Mon métier de soldat ! N'avez-vous pas entendu hier soir, mon père me reprochant mon admiration pour Alexandre, affirmer que je me préparais d'inutiles regrets en essayant du métier des armes ? J'ai voulu m'assurer moi-même, et prouver aux autres, que le sommeil sur la terre nue, un affût de canon pour oreiller avec un matelas de neige sur une terre gelée, n'était pas une épreuve au-dessus de mes forces et de mon courage. »

Nous ne suivrons pas dans les guerres de Louis XIV, le grand capitaine qui eut le rare bonheur de ne perdre qu'une seule bataille ! Triomphant à Fribourg et à Nordlingue, avec Condé un instant égaré par la Fronde, il revint bien vite au devoir, battit Condé à Arras et aux Dunes, vainquit les Impériaux et fut enseveli dans son

AU REMPART DE SEDAN.

« Je commence mon métier de soldat. »   (TURENNE.)

triomphe à Salzbach 1675. Ce sont les victoires sur sa propre nature que nous admirerons ici dans le héros ; victoires mille fois plus glorieuses que celles des hommes d'armes vulgaires, sur les forces matérielles des ennemis.

On sait que Turenne était né de parents hérétiques ; sincère avec lui-même, il demeura protestant jusqu'au jour où le doute entra dans cet esprit droit, dans ce cœur généreux. « Je vois, écrit-il à sa famille, par toutes les sectes qui abondent en Angleterre, que, par trop d'indépendance d'esprit, on a si fort défiguré la religion que chacun se fait une secte à sa mode ; que chaque personne qui lit la parole de Dieu veut l'appliquer à sa fantaisie, et va bien plus loin qu'on ne pense.

« Je vous dirai franchement que beaucoup de ministres à qui j'ai parlé n'ont point cette conviction qui persuade. Ils sont accoutumés à voir des gens qui se contentent de mots, et ne savent pas que pour contenter l'esprit, il faut beaucoup plus. »

Dès que sa première croyance lui fut devenue suspecte, (lui qui ne pensait pas qu'un homme raisonnable pût vivre sans religion), il chercha le fort et le faible ; « il « frappa, dit Mascaron, à la porte de la vérité par la « prière et par les larmes... il mit sa gloire à entrer « avec autant d'humilité que de courage dans le sein de « cette Eglise qui, charmée de ses vertus, soupirait « depuis longtemps après le retour d'un tel fils. »

En effet, les entretiens avec Bossuet, l'étude du livre de l'*Exposition de la foi* que le grand évêque composa pour Turenne, achevèrent d'éclairer sa raison ; il n'hésita pas un jour sur le parti à prendre, fit son abjuration entre les mains de l'archevêque de Paris sans mystère comme sans ostentation, et mena depuis une vie si catholique, que les calvinistes ramenés par ses exemples, lui attribuaient hautement leur conversion.

Après une grande victoire il écrit : « J'ai rendu grâce à Dieu de tout mon cœur... il répand une grande bénédiction sur tout ce que j'entreprends. »

Le 11 juin 1660, avant de franchir les Pyrénées, il envoie à sa femme ces lignes admirables : « Nous allons commencer une nouvelle campagne ; j'ai bien prié Dieu qu'il me fasse la grâce de la passer en sa crainte, ne connaissant pas de plus grand bien que d'avoir la conscience en repos, autant que notre fragilité le peut permettre... je demande à Dieu la continuation de sa grâce et qu'il me rende plus homme de bien que je ne le suis. »

Quel homme de bien il était cependant, ce héros dont son plus illustre adversaire a loué les vertus par ces paroles célèbres : « *Il honorait l'homme.* »

Se faire une fortune de ses victoires lui paraissait une trahison envers la patrie ; il déclare avoir trouvé « maintes fois l'occasion de s'enrichir se gardant bien d'en jamais profiter. »

« La victoire est trop naturellement cruelle, insolente, impie... mais après le combat, le carnage n'est plus qu'un crime et une brutalité barbare. » Turenne défendait l'incendie, le pillage, il protégeait les vaincus contre ses propres soldats. Que si le roi lui donnait quelque argent (ce qui arriva une fois), il assemblait les colonels des régiments mal vêtus, et leur distribuait la somme pour rhabiller les soldats *au nom du roi.*

Aussi modeste que brave, le soir de la victoire des Dunes, il écrit à sa femme : « Les ennemis sont venus à nous, ils ont été battus, Dieu en soit loué ! J'ai un peu fatigué toute la journée, je vous donne le bonsoir et je vais me coucher. »

Le fils du général Saint-Hilaire, témoin de la mort de Turenne, a raconté ainsi ce déplorable évènement. « Le grand homme était parvenu à attirer Montecuculli près de Salzbach sur un terrain tout favorable à ses plans, lorsqu'il manda au comte de Roye qu'il resterait à la place qu'il occupait, à moins d'évènement plus considérable. Malgré cette réponse, le comte de Roye lui renvoya représenter la nécessité qu'il y avait, qu'il se donnât la peine d'aller à la droite porter lui-même les ordres. Alors M. de Turenne gagna au petit galop la droite, le long d'un fond par lequel on le mena, afin qu'il fût à couvert de deux petites pièces de canon qui tiraient sans cesse... Lorsqu'il eut joint mon père il s'arrêta, et demanda ce que c'était que cette colonne pour laquelle on le faisait venir. Mon père la lui montrait, quand malheureusement les deux petites pièces tirèrent ; un des coups passant sur la croupe du cheval de mon père lui emporta le bras gauche, et frappa M. de Turenne au côté. Il fit encore une vingtaine de pas sur son cheval et tomba raide mort. »

« Notre père est mort ! nous sommes perdus, criaient les soldats ! Qu'on nous mène au combat, nous voulons venger notre père ! » et comme les généraux consternés hésitaient : « Lâchez la *Pie* (c'était le nom du cheval de Turenne), elle nous conduira à la victoire ! » criaient les guerriers.

Turenne devait se confesser le soir, et communier le lendemain qui était le jour de la bataille. Jamais homme n'a été regretté si amèrement ; cette perte fut regardée comme irréparable. Louis XIV ordonna que les restes du vaillant capitaine fussent portés à Saint-Denis, sépulture des rois et des princes, ils y devaient rester en paix jusqu'au jour de la glorieuse résurrection ; mais la fureur de la Révolution ne connaît ni le respect de la patrie, ni celui de la tombe. Dans leur ivresse diabolique, des scélérats ont violé les monuments de la grande crypte, les cercueils sont ouverts, les ossements odieusement profanés, une bande infernale les entoure en dansant et en hurlant des blasphèmes.

Cependant on vient de lire le nom de Turenne sur l'un des cercueils. « *Turenne, Turenne,* s'écrie d'instinct la foule, c'était un brave, il faut qu'on le respecte. »

« Non, non, riposte un énergumène, il est en mauvaise compagnie. » Et le cercueil est brisé !... Mais le corps est intact, Turenne apparaît entier, la peau seulement desséchée.

Alors, par une *grâce* ignoble, les brigands qui régnaient en tyrans, mille fois plus absolus qu'aucun des rois de la terre, font « *expédier le corps au Jardin des Plantes pour y figurer parmi les curiosités du règne animal !* »

En vérité, il faut que l'histoire impartiale constate chez le peuple le plus civilisé du monde, *en France,* de telles horreurs, pour qu'il soit bien avéré jusqu'où peut conduire l'esprit révolutionnaire !

En 1796, le corps législatif demanda le transfert du cercueil au Musée des Monuments ; mais en 1800, Bonaparte, premier consul, s'indigna d'un tel scandale, Turenne fut transporté avec pompe et de grands honneurs, sous le dôme des Invalides.

LE GRAND-PÈRE

Puisse le nom de Turenne se lier pour nous désormais à celui de Sedan, et effacer le souvenir de « la catastrophe sans exemple dans l'histoire » où furent engloutis, l'empire et l'armée, par un de ces jugements divins devant lesquels il faut s'anéantir en répétant que : « La justice élève les nations, et que le péché les fait descendre dans l'abîme. »

Les héros de la taille de Turenne seraient morts avant de signer la capitulation de 1870! Dieu n'a pas permis que Mac-Mahon apposât sa signature à ce désastre : l'illustre maréchal toujours fidèle à Dieu, a trouvé Dieu toujours fidèle à ses armes ; lors même qu'il était vaincu, Mac-Mahon blessé au champ de bataille, n'a jamais rendu son épée !

Pour que la honte soit toujours épargnée, même à l'armée vaincue, n'oubliez pas, mes enfants, qu'il faut au soldat de *grandes vertus,* ce que le brave général Ambert exprime par ces lignes brûlantes de patriotisme chrétien :

« Un des plus sûrs moyens de développer chez le soldat les grandes vertus militaires, l'amour du devoir, l'esprit de sacrifice, le mépris de la mort, n'est-ce pas de respecter, d'honorer, d'encourager les sentiments religieux? Une armée chrétienne sera toujours disciplinée et vraiment brave ; le mépris de la mort n'est-il pas une vertu chrétienne avant d'être une vertu militaire? Ah! qu'ils sont coupables ceux qui veulent nous arracher la foi ! N'en avons-nous pas plus besoin que jamais?

« Pour allumer le feu sacré, dit-il encore, il est nécessaire d'en avoir les étincelles au cœur. »

CHAPITRE VIII

Au Drapeau.

I

LE GRAND-PÈRE

Aujourd'hui, mes enfants, nous avons à parler *de la religion du drapeau,* j'ai voulu qu'un des élèves du bon général Ambert, un de ses *porte-drapeau,* vînt passer avec nous une bonne journée, et deux s'il le faut, pour nous raconter quelques belles histoires de ses campagnes; pour te donner, mon enfant, les principes militaires et chrétiens sur le drapeau de la France, à l'ombre duquel tu vas bientôt abriter ta jeunesse. Saluez donc en ce brave officier, non-seulement l'ami de la famille, mais le vaillant imitateur des meilleurs soldats.

L'OFFICIER

Oui, mes jeunes amis, je suis heureux de revoir ce foyer ami, de m'associer aux nobles leçons de votre aïeul, et de vous redire les paroles de l'excellent général Ambert qui m'a donné comme à tant d'autres les grands exemples de patriotisme.

« Le patriotisme, écrit-il, exige surtout des fils dévoués. Deux hommes sont préparés au patriotisme par les vertus de leur carrière, le prêtre et le soldat; car la meilleure préparation aux vertus patriotiques est certainement la discipline, soit celle de l'Eglise, soit celle du camp...

« Le patriotisme, dit-il plus loin, n'est pas un sentiment isolé, une passion indépendante de toute autre ; il doit être précédé de croyances morales et religieuses. On ne saurait donc entreprendre de faire pénétrer le patriotisme dans l'âme de la nation, si d'avance cette âme ne s'est élevée dans les régions divines. Nul n'a le droit de mettre en doute cette vérité. L'amour de la patrie n'est pas une passion désordonnée qui participe au courage physique. Il procède de l'amour de Dieu et de l'amour de la famille. Il en a toute la gravité. C'est une affection ardente, mais raisonnée, capable d'inspirer les plus grands sacrifices.

« La patrie est un foyer, dont les limites sont reculées jusqu'aux frontières. »

Et quel est pour le guerrier l'emblème de la *patrie*, jeune homme ? Le savez-vous ? Si on ne vous l'a jamais dit, c'est que le cœur le devine !...

LÉON

C'est le drapeau ! Le drapeau national !

LE BRIGADIER

Bien parlé, frère ! Et voilà pourquoi, dans un régiment le drapeau signe de ralliement, *emblême* de la patrie, est l'objet d'une sorte de culte ; sa perte dans une bataille est un malheur, son abandon une insigne lâcheté, qui flétrirait à jamais le soldat coupable. Le *porte-drapeau* ou *porte-étendard*, est un officier éprouvé ; un groupe d'élite est chargé de le défendre.

Et c'est pourquoi, mon officier, vous étiez le *porte-drapeau* de votre régiment.

L'OFFICIER

Merci, jeune homme, de ce souvenir ; je vois que vous avez au cœur l'honneur du drapeau, et que vous rougiriez d'avoir écrit comme le malheureux B... dans une heure d'égarement :

« Hors des champs de bataille, même en campagne, les drapeaux n'ont d'autre valeur que celle qui résulte de la perte ou de la conservation. »

Il a écrit encore dans un rapport : « Les drapeaux n'ont de valeur morale que quand ils sont pris sur le champ de bataille ; ils n'en ont aucune quand ils sont déposés dans un arsenal ! »

De ces mots vides de sens patriotique, et qui ne s'expliquent que par la fascination du malheur, il faudrait donc conclure que le caractère sacré du drapeau s'efface ou renaît ! que dans les marches ou dans le camp, il n'est plus un symbole ; que dans la paix, il est un objet de luxe décoratif !...

« — Quand on pense à ce qu'est le drapeau dans une armée !

« Un philosophe de l'école de Voltaire a dit : « Ce n'est qu'un préjugé je n'y vois qu'un bâton orné de soieries et de dorures. »

« Mais il en a menti, l'homme au cœur brutal et terre à terre qui a blasphémé de la sorte ; son impiété stupide l'empêcha de comprendre tout ce qu'il y a de grandeur dans ce symbole de l'honneur et du devoir.

« Est-ce que le Labarum fut un chiffon ? Le premier signe du Christ officiellement et solennellement déployé sur le monde fut cet étendard guerrier ; il parut au ciel avant de descendre à la terre, et, quand il quitta le champ de bataille après la victoire, il fit le tour du monde pour détruire la barbarie et fonder la civilisation chrétienne.

« Le drapeau, dit le P. de Damas, est donc le signe de Dieu en même temps que l'image de la patrie. Depuis Tolbiac jusqu'à nos jours, les armées françaises eurent un emblème qui, porté au milieu de leurs escadrons les guidait au chemin du sacrifice, de l'immolation, de la gloire. »

LE GRAND-PÈRE

Napoléon Ier écrivait dans le bulletin du 16 novembre 1805 : « Le soldat français a pour les drapeaux un sentiment qui tient de la tendresse. » C'était parler en homme de cœur aussi bien qu'en soldat ; et le vainqueur d'Austerlitz se montrait dans ses paroles comme dans ses actions, d'une autre taille que le vaincu de Metz !

Le mot *drapeau* pris dans le sens d'enseigne militaire, n'existe dans notre langue que depuis le XVIe siècle, où les officiers revenant des guerres d'Italie, nommèrent leurs enseignes mises en lambeaux glorieux dans les combats : *drapello,* mot qui signifie en italien, pièce d'étoffe déchirée. Depuis Charles IX, on s'en est servi spécialement pour désigner les enseignes de l'infanterie ; celles de la cavalerie se nomment *étendard,* celles de la marine, *pavillon.*

Ce que je dis là, mon officier, c'est sans vous offenser, pour instruire cette jeunesse.

L'OFFICIER

Toujours fidèle à votre tâche, mon brave, vous formez à votre image de nobles enfants, de braves chrétiens et de vaillants soldats.

Le drapeau, avant d'avoir encore son nom, existait, vous le savez, chez les anciens. Les aigles romaines, jointes aux images des dieux tutélaires, conduisaient les conquérants du monde à la victoire. Mais Constantin, vainqueur par la Croix, fit placer sur son étendard le signe auguste qui lui avait promis le triomphe; et sur le *Labarum*, premier drapeau chrétien, étaient inscrits ces mots : « Par ce signe tu vaincras, In hoc signo vinces. »

Les premiers rois francs faisaient porter à la tête des armées la chape de saint Martin, glorieux thaumaturge des Gaules; ils attendaient de son intercession et de la protection de cette relique un secours qui ne leur fit pas défaut.

Plus tard l'*oriflamme* déposée à Saint-Denis en était solennellement tirée pour les grandes entreprises; les mémoires du temps ont conservé les détails intéressants sur la solennité qui accompagna le pèlerinage de saint Louis à Saint-Denis, lorsqu'il y vint recevoir l'*oriflamme* avant d'entreprendre la croisade.

Le drapeau de Jeanne d'Arc, aux fleurs de lys sur le fond blanc, écrasait l'étendard rouge d'Angleterre aux léopards, à Orléans et à Patay, en attendant que celui de Henri IV et le panache blanc du *bon roi* l'aient amené à sa *bonne ville de Paris*. Enfin le même drapeau qui depuis des siècles avait conduit nos pères à la victoire, flottait encore en 1830 sur les murs d'Alger, notre dernière conquête, avant de cesser d'être le drapeau national.

II

« Nous avons dit à nos jeunes soldats, écrit le général Ambert (1) : « Le drapeau est pour vous la France, notre sainte patrie. Nous ne le rendrons jamais, car l'honneur du régiment est enfermé dans ses plis. Vous allez, devant Dieu et devant les hommes, jurer de mourir plutôt que de l'abandonner. » Ces paroles, nous les avons prononcées pendant huit ans, à l'arrivée des recrues, dans notre régiment de dragons, et pendant huit années encore, nous les avons fait prononcer par les colonels que nous avions l'honneur d'avoir sous notre commandement.

« Dans ces circonstances, entourées d'une certaine solennité, nous avons constamment vu les soldats pénétrés de grandes pensées et fiers de leur drapeau. »

LE BRIGADIER

J'ai toujours au cœur le souvenir de l'arrivée du drapeau ; il s'avance escorté de la musique du régiment, le colonel salue lorsqu'il paraît et la cavalerie présente le sabre, suprême honneur que l'on n'a pas rendu même aux souverains.

L'OFFICIER

Qui pourrait compter les héros, depuis l'officier supérieur jusqu'au simple soldat, qui se sont fait tuer pour

(1) *Récits militaires.*

AU DRAPEAU.
Signe de Dieu, image de la Patrie.

sauver leur drapeau ? Le cri patriotique : *Au drapeau !* n'a jamais, que nous le sachions, été entendu en vain. Tel drapeau, celui des zouaves à Patay, par exemple, a passé par les mains de six officiers tombés en quelques minutes pour le tenir haut et ferme, et celui du 7ᵉ de ligne a été arrosé à Malakoff du sang de quatorze braves.

Napoléon n'acceptait pas qu'un régiment demeurât debout s'il perdait son drapeau. Passant la revue des troupes après la victoire d'Austerlitz, il remarquait le 4ᵉ sans drapeau. « Soldats du 4ᵉ, s'écria l'Empereur, qu'avez-vous fait du drapeau que je vous avais confié ? » Sans oser répondre, le colonel fait avancer les porteurs de *six* étendards pris à l'ennemi. « Vous n'avez donc pas été des lâches, reprend Napoléon... mais les six drapeaux ne me rendent pas mon aigle ! » Et le régiment dut porter le deuil, jusqu'à la première bataille où il conquit un nouveau drapeau.

« Les soldats, avait écrit le maréchal de Saxe, doivent se faire une religion de ne jamais abandonner leur drapeau. Il doit leur être sacré, et l'on ne pourrait y attacher trop de cérémonies pour le rendre respectable et précieux. Si l'on peut y parvenir, on peut aussi compter sur toutes sortes de bons succès. La fermeté des soldats, leur valeur en seront les suites. »

Ces paroles sont d'un penseur, d'un vainqueur et d'un prophète : Tous les respects se tiennent de près et s'enchaînent. Celui qui ne vénère pas le drapeau n'a pas le sens religieux, celui qui n'aime pas le symbole de la patrie n'a pas le sens patriotique, il a laissé s'affaiblir le respect de l'autorité et de la discipline s'il ne l'a pas perdu ; celui qui ne sait pas mourir pour l'honneur du drapeau, *symbole de ces grandes choses, l'honneur, la patrie et Dieu*, n'a pas dans les veines de sang français ni de sang chrétien.

Il est facile de concevoir que le symbole du sacrifice héroïque imposé au guerrier, sacrifice qui doit aller jusqu'au mépris de la vie même, il est facile de concevoir que la remise de cet insigne aux troupes, ait été toujours accompagnée d'une grande pompe et de cérémonies religieuses. La bénédiction des étendards est une de celles que l'Eglise attribue à l'évêque, elle est connue dès le IXe siècle, et les conciles ont excommunié le guerrier qui refuse de suivre son drapeau, ou le déserte sur le champ de bataille.

En 1852, Napoléon III voulut que la distribution des *aigles* nouvellement rétablies, fût précédée de la bénédiction solennelle des drapeaux. Le 10 mai, une réunion imposante de toutes armes garnissait le Champ-de-Mars, devant lequel des tribunes disposées à cet effet, reçurent l'empereur entouré du Corps diplomatique et d'une assistance nombreuse. Au milieu du vaste terrain, on avait élevé un autel magnifiquement décoré des drapeaux et des étendards ; l'archevêque de Paris célèbre la messe et bénit les drapeaux, les tambours battent aux champs, les trompettes, les fanfares se succèdent pendant le saint sacrifice ; les marches de l'autel sont couvertes des officiers, des porte-drapeau et d'un piquet d'honneur. Puis chaque régiment défile devant l'empereur qui lui remet les étendards bénits. Le souverain avait compris que tout pouvoir, pour être respecté et durable, doit être appuyé sur la religion et que « si le Seigneur ne bâtit une maison, c'est en vain que travaillent ceux qui la bâtissent. » Le jour où il retira de l'édifice la pierre angulaire, l'édifice étayé cependant par le plébiscite, croûla en quarante-huit heures, couvrant la France de ruines et de sang.

Aux temps ordinaires on bénit le drapeau dans l'église principale du lieu où le régiment tient garnison, on le on le porte devant le front du corps auquel il est destiné ; et le général accompagné de l'intendant militaire remet le drapeau aux officiers qui en ont la garde.

III

Mais celui qui ne connaît pas le sublime discours prononcé par Massillon à la bénédiction des drapeaux des régiments de Catinat, ne sait pas tout ce que le drapeau renferme de leçons. Voici quelques passages de ce discours :

« ... Pourquoi croyez-vous que les nations les plus barbares aient toujours eu une espèce de religion militaire, et que le culte se soit toujours trouvé mêlé parmi les armes ? Pourquoi croyez-vous que les Romains fussent si jaloux de mettre leurs dieux à la tête des légions, et que les autres peuples... en traçassent les figures et les symboles sur leurs étendards ; sinon pour empêcher que le tumulte et l'agitation des guerres ne fît oublier ce qu'on doit aux dieux qui y président... Pourquoi croyez-vous que Constantin devenu la conquête de la Croix, fit élever ce signe de toutes les nations au milieu de ses armées ; que nos rois, dans leurs entreprises allaient recevoir l'étendard sacré au pied des autels ; et qu'aujourd'hui encore l'Eglise consacre par des prières de paix et de charité, ces signes déplorables de la guerre et de la dissension ? sinon pour vous faire souvenir que la guerre même est une manière de culte religieux ; que c'est le Dieu des armées qui préside aux victoires et aux batailles... qu'il n'est point de véritable valeur que celle qui prend sa source dans la religion et dans la piété ; et qu'après tout, les guerres et les révolutions des états ne sont aux yeux de Dieu qu'un changement de scène dans l'univers ; que lui seul ne change pas, et qu'il a seul de quoi fixer les agitations et les désirs insatiables du cœur humain ? »

Après avoir signalé les dangers de la guerre, l'orateur s'adressant aux soldats :

« ... Pour vous, Messieurs, au milieu des périls et des fureurs de la guerre, vous pouvez dire tous les jours que vous n'êtes séparés que d'un seul degré de la mort ; vous ne devez compter sur la vie que comme sur un trésor que vous tenez exposé sur un grand chemin. Vous touchez à tous les moments à l'éternité, et ne tenez au monde et à ses plaisirs que par le plus faible de tous les liens. Ah! qu'est-ce qui peut vous rassurer?... Dans les moments que vous accordez à la religion sur le point d'un combat... avez-vous jamais pensé dans ces circonstances à offrir au Seigneur un cœur contrit et humilié, et à invoquer ses miséricordes sur les misères de votre âme ? La gloire, le devoir, le péril, vous ne voyez que cela...

« ... Si dans cette action où vous ne dûtes votre délivrance qu'à un prodige, et dont vous crûtes vous-même ne jamais sortir, le glaive de la mort vous eût frappé, quelle eût été votre destinée?... La main toute-puissante de Dieu vous délivra ; son ange détourna lui-même les coups, qui en décidant de votre vie auraient décidé de votre éternité : et quel usage en avez-vous fait depuis? Quelle reconnaissance envers votre libérateur?... Vous avez bien su mettre le danger que vous courûtes alors, à profit pour votre fortune ; mais avez-vous su le mettre à profit pour votre salut?... Vous en êtes monté d'un degré dans le service, et vous voilà toujours le même dans la milice de Jésus-Christ.

« ... La voie des armes est brillante... c'est le seul

chemin à la gloire, mais elle est pleine d'écueils. Voici le moyen de les éviter :

« ... Je sais que l'ambition est comme inévitable à un homme de guerre... et qu'en fait de mérite militaire, qui ne sent pas ces nobles mouvements qui font aspirer aux grands postes, ne sent pas aussi ceux qui nous font oser de grandes actions. Mais outre que le désir de voir vos services récompensés, s'il est modéré, si seul il n'absorbe pas le cœur tout entier, s'il ne vous porte pas à vous frayer des routes d'iniquité pour parvenir à vos fins... n'a rien dont la morale chrétienne puisse être blessée, qu'a-t-il... qui puisse l'emporter sur les promesses de la foi ?

« Des postes, des honneurs, des distinctions ?... Mais quelle foule de concurrents faut-il percer pour en venir là ? que de circonstances faut-il assortir, qui ne se trouvent presque jamais ensemble ?... Eh ! qu'entend-on autre chose parmi vous, que des réflexions sur l'abus des prétentions et des espérances ?... cependant on sacrifie l'éternité à des chimères ; et on ne s'aperçoit pas que la Providence ne semble laisser au hasard et au caprice des hommes le partage des postes et des emplois, que pour nous faire regarder avec des yeux chrétiens les titres et les honneurs, et nous faire rapporter au roi du ciel, aux yeux de qui rien n'échappe, et qui nous tiendra compte de nos plus petits soins, des services que nous rendons sur la terre à ceux qui souvent ne les peuvent voir ou ne sauraient les récompenser.

« Mais quand même notre bonheur répondrait à nos espérances... que sont les félicités d'ici-bas et quelle est leur fragilité et leur peu de durée ? Et d'ailleurs cet instant même de bonheur est-il tranquille ? Et quand même on pourrait se promettre une fortune paisible, ce ne serait qu'une vapeur dont un instant décide, et qu'on voit naître, s'épaissir, monter, s'étendre, s'évanouir dans un moment... Cependant les plus beaux jours de votre vie, vous les avez sacrifiés à votre profession ;... un seul jour de ces souffrances consacré au Seigneur, vous aurait peut-être valu un bonheur éternel ; une seule action pénible à la nature et offerte à Jésus-Christ, vous aurait peut-être assuré l'héritage des saints ; et vous en avez tant fait en vain pour le monde ! Eh quoi ! vous prenez sur votre repos, sur vos plaisirs, sur vos besoins même quand il s'agit de votre devoir ; voilà le plus difficile fait, ce qui vous reste à faire pour le salut ne coûte plus rien : soutenez ces travaux avec une foi chrétienne, offrez-les au Dieu juste comme le prix de vos iniquités ; et puisqu'il faut les souffrir, ne les souffrez pas sans mérite. Si les hommes vous manquent, Dieu du moins ne vous manquera pas : c'est une ressource que vous vous assurez dans la mauvaise fortune ; vos services comme cela ne seront jamais perdus, et les fruits de la guerre seront pour vous des fruits de paix et d'éternité. Voilà donc comment l'ambition peut devenir elle-même une source de grâce.

« Mais c'est que nous nous faisons de fausses idées des choses... Quoi ! Seigneur ! il y aurait de la gloire à suivre les grands de la terre, et ce serait bassesse que de vous être fidèle ? et qu'y avait-il autrefois dans les armées des empereurs païens de plus intrépide dans les périls que les soldats chrétiens ?... Cette droiture d'âme, ce noble respect pour votre Dieu, ce fond solide de foi et de religion, cette exactitude de si bon goût aux devoirs essentiels du christianisme, cette supériorité d'esprit et de cœur qui fait mépriser la licence et les excès comme peu dignes de la raison même, qui peut vous dispenser de les avoir, et au jugement de qui est-il honteux d'en être accusé ?

« Croyez-moi ; la religion rassure l'âme, bien loin de l'amollir : on craint bien moins la mort, quand on est tranquille sur les suites. Une conscience que rien n'alarme, voit le péril de sang-froid, et l'affronte courageusement dès que le devoir l'y appelle. Non, rien n'approche de la sainte fierté d'un cœur qui combat sous les yeux de Dieu ! »

Massillon termine par cette ardente prière :

« Répandez, ô Dieu des armées, des esprits de foi et de piété sur les guerriers armés pour la patrie. Bénissez vous-même les étendards ; laissez-y des traces de sainteté, qui au milieu des batailles aillent aider la foi des mourants et réveiller l'ardeur de ceux qui combattent ; faites-en des signes assurés de la victoire : couvrez, couvrez de votre aile cette troupe illustre qui vous les offre dans ce temple ; détournez avec votre main tous les traits de l'ennemi ; servez-lui de bouclier dans les divers évènements de la guerre ; environnez-la de votre force ; mettez à sa tête cet ange redoutable dont vous vous servîtes autrefois pour exterminer les Assyriens ; répandez sur ses ennemis des esprits de terreur et de vertige ; et faites sentir sa valeur aux nations jalouses de votre gloire. »

CHAPITRE IX

Courage et Sacrifice.

LE GRAND-PÈRE

Le courage n'est pas une vertu nouvelle, et pourtant le général Foy qui a tant vu de guerriers français, dit que « le courage est plus rare qu'on ne le croit. » « Le courage, ajoute le général Ambert, est aussi rare que le génie ; si le génie est une étincelle tombée sur l'homme des mains de la divinité, le courage est un rayon d'or que Dieu met au front de ceux qu'il place au-dessus des foules. »

Le mot *courage* signifie littéralement *agir avec cœur (cor, agere)*. Le magistrat, comme le martyr, peut montrer un courage héroïque ; l'accomplissement du devoir monotone et caché, demande autant de courage que l'acte du chevalier d'Assas ; partout où l'homme remplit son devoir avec cœur et persévérance, oubliant ses propres intérêts pour la noble cause qu'il sert, il fait preuve d'un courage chrétien dont il recevra la récompense.

Notre armée, réputée à bon droit l'une des plus courageuses, le sera davantage encore si elle reste et redevient chrétienne aux jours ordinaires, comme aux *jours historiques*.

LE BRIGADIER

La simplicité accompagne presque toujours les dévouements les plus sublimes. Ainsi je me souviens d'un fait magnifique dont j'ai été témoin à Eupatoria pendant la campagne de Crimée.

Le *Henri IV,* superbe navire, et l'un des plus beaux de la marine, après avoir été plusieurs jours battu par la tempête, échoua enfin sur la côte, sans qu'il fût possible de le sauver. On dut au péril de la vie des matelots, établir, malgré les brisants, un va-et-vient qui donnait l'espérance de sauver l'équipage, avant que le vaisseau venant à s'ouvrir ne disparût dans les flots. L'équipage, très réduit, comptait cent soixante scorbutiques, c'est-à-dire des malades sans gencives, ayant les jambes comme des boisseaux et ne pouvant se bouger. Néanmoins le commandant envoie demander le secours de ceux qui se sentiraient le courage de servir les pièces, car l'ennemi songeait à profiter du désastre pour attaquer le navire. « Il y eut alors, a écrit un de nos officiers, un enthousiasme à faire pleurer. » Quinze hommes seulement, incapables de se remuer, restèrent alités ; tous les autres se traînèrent aux pièces et par un feu bien dirigé réussirent à éloigner l'ennemi. Chose à peine croyable ! le soir, tous les hommes étaient présents à la prière en commun, aussi simples et aussi calmes que s'ils n'avaient rien fait de grand.

L'OFFICIER

Pendant que je gagnais mes épaulettes en Afrique, nous étions témoins de traits non moins admirables de courageux sacrifices. C'était en septembre 1845.

Dans l'attaque inattendue du marabout de Sidi-Brahim qui suivit la mort du lieutenant-colonel de Montaignac, le capitaine Géreaux soutint, avec quatre-vingt-trois hommes, l'effort d'une multitude d'Arabes ; ces vaillants maltraitent de telle sorte les ennemis, qu'Abd-el-Kader

LE CAPITAINE DUTERTRE.

« Vive la France ! résistez jusqu'à la mort. »

suspend le combat, et promet la vie sauve si le capitaine rend le fort. La petite garnison tout entière plante le drapeau sur les murs, et décidée à mourir plutôt que de se rendre, prolonge une lutte héroïque. C'est alors que le capitaine Dutertre fait prisonnier, est envoyé par l'ennemi en parlementaire pour engager les Français à cesser une résistance inutile. L'officier écoute en silence les propositions de l'émir ; conduit par les Arabes, il s'avance vers ses camarades ; dès qu'il peut se faire entendre, il appelle. On le reconnaît :

« Géreaux, vous tous mes amis du 8e, on va me tuer « si vous continuez la défense, on m'envoie pour vous « engager à déposer les armes, et moi je viens vous dire : « *Vive la France, résistez jusqu'à la mort !* »

Dutertre tombe criblé de balles, et sa tête portée à l'émir excite sa fureur. Après une longue résistance, les chasseurs de Sidi-Brahim essaient de se faire jour à travers les rangs ennemis ; mais douze seulement parviennent à Djemma-Ghazaouat (Nemours).

L'un d'eux était le clairon Rolland.

Le clairon ROLLAND

Fils d'un paysan des Cévennes, le brave Rolland, plein de foi et de courage, mérite de servir d'exemple à tout soldat jaloux de se distinguer. Prier avec ardeur, se battre avec héroïsme, souffrir avec calme, était à cette âme noble du paysan d'Aubrac, choses toutes simples. « Au moment de l'action j'ébauche un signe de croix, disait-il dans son langage imagé, je jette à la bonne Vierge une courte invocation et je me lance de tout mon cœur sur l'ennemi, à la grâce de Dieu. » Pendant les deux années qu'il passait en Afrique (1844-1846), Rolland, clairon au

8me chasseurs, se glorifiait de donner le signal à ses camarades, ce qui ne l'empêchait pas de se battre. Le 14 août 1844, il perça les rangs ennemis à la baïonnette, et revenait du combat sans une égratignure, lorsqu'il aperçut un cheik arabe blessé ; le charitable chrétien se dirigeait vers lui pour le secourir, lorsque le traître se relevant lui tira à bout portant un coup de pistolet, qui passa sans le toucher.

En 1845, Rolland, enfermé dans Sidi-Brahim avec les braves échappés aux Arabes qui avaient massacré l'héroïque troupe du colonel de Montagnac, brûle sa dernière cartouche, il coupe la baguette de son fusil pour en improviser des projectiles ; mais les survivants n'ont plus rien, ils décident de s'ouvrir un passage à la baïonnette ; Rolland entouré, écrasé par les Arabes, est conduit vers Abd-el-Kader qui admirait dans son fanatisme la lutte de ceux qui vendaient si chèrement leur existence.

« Sonne pour que *tes Français* cessent le feu, » ordonne l'émir.

Rolland sait que sa réponse va lui coûter la vie. Il « ébauche son signe de croix pour l'offrir à Dieu, et « prenant son clairon il envoie à ses vaillants camarades « *les notes éclatantes de la charge.* » L'héroïque phalange se précipite du côté où retentit le signal d'appel ; elle venait par un suprême effort de rompre le cercle de fer, lorsqu'entourés d'Arabes les survivants tombèrent au pouvoir de l'ennemi.

Rolland accepte en chrétien la dure captivité, il console et soulage ses camarades avec lesquels il suivait la déira d'Abd-el-Kader.

L'émir traqué sur tous les points, ne savait comment pourvoir à la subsistance de ce peuple nomade ; les trois cents prisonniers français étaient pour lui un grand embarras ; son beau-frère, Mustapha-ben-Tahmi, exposa plusieurs fois que l'échange n'ayant pas réussi, il ne réussissait pas à nourrir la déira. L'émir l'autorisait alors au massacre des Français, dont l'un et l'autre redoutaient la valeur.

Rolland a deviné le projet criminel, car, écrit-il, on était venu chercher les officiers pour les réserver à obtenir une rançon, et quant à nous, on nous avait séparés. Au lieu de nous laisser dans nos gourbis placés au milieu du camp des Arabes, on nous réunit sept dans chacun des gourbis ennemis. Je dis à mes camarades : « Veillez, c'est pour cette nuit ! Il faut nous défendre dans le cas où l'on voudrait nous tuer. J'avais un couteau français ramassé trois jours avant sur le bord de la Malouia. En entrant dans la cabane, j'avais trouvé une faucille que je donnai à mon camarade Daumat. Au moindre bruit, avais-je dit, je sortirai et vous me suivrez. »

Selon son habitude en cas de danger, Rolland récite pieusement le *Souvenez-vous*, et plein de confiance en la protection de celle qu'on n'implore jamais en vain, il attend.

Vers minuit, un cri poussé par les Arabes donne le signal du massacre. Rolland se signe, s'élance hors du gourbis, après avoir enfoncé son arme dans la poitrine de l'Arabe qui veut s'y opposer, il enjambe le cadavre et se met à fuir ; une clôture de buissons l'arrête, en même temps un coup de baïonnette arabe lui passe entre les jambes sans l'atteindre, il saute l'enceinte et tombe de l'autre côté. Deux réguliers le saisissent par la ceinture de son pantalon, qui se trouve heureusement en mauvais état, et leur reste dans les mains. Rolland se sauve en chemise. De loin il reçoit une décharge qui le blesse légèrement, il continue sa course avec une balle dans la jambe, gagne enfin une hauteur où il s'arrête exténué, palpitant surtout d'angoisse pour ses malheureux camarades dont il entend les cris, dont il aperçoit les ombres à la lueur de l'incendie, que les Arabes ont allumé pour arriver plus aisément à découvrir leurs victimes.

Les coups de fusil cessent enfin... Rolland comprend que la lutte est terminée ; il est seul dans la forêt dont il gagne les ombrages pour se soustraire à la mort ; pendant trois jours il se cache, pendant trois nuits il s'avance au milieu des bêtes féroces, cueillant quelques fruits au passage, presque nu et n'ayant pour soutien que la prière. Au troisième jour il atteint un village kabyle. De deux indigènes qu'il rencontre, un lève le bras pour le poignarder, l'autre s'y oppose, le conduit pieds et poings liés dans sa demeure, le soigne puis le guérit ; finalement ils le ramènent au camp français dans l'espoir d'une bonne récompense.

Quelle joie pour le bataillon de revoir le brave soldat échappé miraculeusement à la mort ; trois blessures : un coup de yatagan, un coup de feu, un coup de poignard, et son héroïque courage lui ont mérité la croix d'honneur. Jamais plus noble poitrine ne l'avait portée.

Peu de jours après, Rolland sollicite de faire partie d'une colonne expéditionnaire, le général l'autorise seulement à suivre comme volontaire, et doute que ses forces lui permettent cette marche.

Rolland n'a pas assez de prendre part à la lutte, il veut « dénicher partout l'ennemi... » Tout à coup il aperçoit dans une caverne, à travers la fente des rochers, des Kabyles coiffés de képis français... Rolland les a reconnus ; ce sont les képis des martyrs de Sidi-Brahim !

Sa patriotique émotion ne calcule pas, il s'élance et tombe au milieu d'une troupe d'Arabes qui l'accablent sous une grêle de balles. Rolland pousse son cri de guerre : « *Sainte Vierge Marie!* » Puis il s'appuie contre le rocher, il perce de sa baïonnette tout ce qui l'entoure, chacun de ses coups a fait une victime ; en quelques minutes il est entouré des cadavres de ses ennemis, les autres s'arrêtent un instant ; cependant on l'a vu franchir la caverne, les camarades arrivent au secours, ils le trouvent couvert de sang, ses vêtements en lambeaux et troués de balles sont encore déchirés par les pointes des rochers ; mais le clairon n'a pas une blessure..... Le commandant de Lourmel serre dans ses bras le digne soldat qu'il a cru mort, il le présente à Cavaignac. Par une heureuse et toute française inspiration, le général fait monter le héros sur un caisson d'artillerie, il défile devant les troupes rangées en bataille et reçoit les honneurs d'un triomphe improvisé. Le soir, le général plaçait à ses côtés, à la table de son état-major, le vaillant clairon. Chacun s'empresse autour de lui, on le félicite de *sa chance*. Alors le chrétien se montre dans son héroïque simplicité, et répond avec une religieuse émotion :

« Mon général, c'est que je porte une bonne cuirasse ! »

Puis découvrant sa poitrine, il montra son scapulaire. La mort s'était arrêtée devant l'image de Marie qu'avait invoquée son fidèle serviteur !

L'OFFICIER

Plus d'un genre de courage a dû peser dans la balance de la justice divine pour sauver notre malheureuse patrie, dans ces tristes jours passés dans l'armée autour de Metz. Tout le monde connaît le nom glorieux et sans tache du général Lapasset dont le patriotisme et la bravoure ont été constamment héroïques. Il apprit un jour que son frère, également officier supérieur, avait été gravement blessé. Au milieu des vingt mille soldats des ambulances, il était difficile de le découvrir. L'amputation de la jambe fut décidée et exécutée, après une dizaine de jours de soins infructueux ; à ce moment-là même, le général appelé par son service quitta son frère. Il revint au bout d'une semaine ; la blessure était en bon état, lorsque tout à coup des symptômes alarmants se déclarèrent ; le général interrogea le médecin et le supplia de répondre. « Tout est fini ! » répondit le docteur avec larmes.

« Hélas ! dans ce moment si cruel, écrit le brave officier dans son journal, il fallait songer au service. Les portes de la ville se fermaient à sept heures et je devais rejoindre mes troupes en cas d'attaque. Il n'y avait pas une minute de répit.

« J'avais pu apprécier, depuis le commencement de la campagne, un digne prêtre, aumônier du 5ᵉ corps, qui, depuis Sarreguemines, s'était attaché à ma brigade. C'était l'abbé Darnis, aumônier de l'hôpital Beaujon à Paris. Je lui fis porter un billet pressant, puis rentrant dans la chambre de mon frère je lui dis : « Joseph, mon pauvre ami, nous autres soldats, nous devons toujours être prêts à mourir... Nous avons été élevés dans des principes de soldats et de chrétiens... tu as été un bon soldat, il te reste à être une fois encore un bon chrétien. »

« Mon frère me répondit : « Je suis prêt... » L'abbé Darnis entra ; je le laissai avec mon frère. Après un temps dont je n'aurais pu mesurer l'étendue, l'excellent prêtre parut, et me pressant dans ses bras, me dit : « Votre frère est aussi bon chrétien que brave soldat ; je vais lui administrer les derniers sacrements. » Il les reçut avec piété. Après avoir pressé le crucifix sur ses lèvres pâles, il m'attira sur son cœur... A ce moment même, une canonnade terrible se fit entendre... Mon frère tressaillit et relevant la tête me dit : « Cours à ton devoir. » Je l'embrassai une dernière fois en sanglotant... »

Le journal de Lapasset est tout entier vibrant d'ardeur et de noblesse guerrière ; il est peu de pages comparables à celles dans lesquelles il pleure, en larmes de sang, les malheurs de la France devant Metz, *la citadelle vierge*.

CHAPITRE X

Les Ennemis!

I

Coutume barbare du Moyen Age

LE BRIGADIER

Vous ne le croiriez pas peut-être, mes amis, ce qui m'a le plus étonné au régiment (et même je n'ai jamais compris cette chose-là), c'est qu'on a de drôles d'idées sur l'honneur! Ça s'entend de ceux qui ne sont pas chrétiens; mais aussi des soldats qui se disent braves et passent pour des braves gens. Tenez, j'en connais encore maintenant qui écrivent dans les journaux des articles faut voir! qui prononcent des discours superbes pour la religion et la loi de Dieu... et puis paf!... On ne peut pas seulement leur dire un mot, ils s'en vont risquer leur vie, celle de leur camarade et l'âme de tous les deux... Ça n'a pas de bon sens!

« On est chrétien ou on ne l'est pas, » disait le général de Sonis; on ne dira pas que celui-là était poltron; jamais il n'a eu l'idée de se battre en duel.

LE GRAND-PÈRE

Les *Mémoires de Mirabeau* racontent un trait sublime d'un soldat français, qui exposa ses jours et son honneur pour sauver l'honneur et la vie de deux camarades. Nous citerons textuellement :

« En faisant sa revue, mon grand-père (Marquis de Mirabeau) vit un soldat qui tenait mal son fusil, l'appuyant sur l'épaule ; quand il voulut en faire la remarque, le major lui dit à demi-voix : « Monsieur, vous saurez ce que c'est. » Ils passèrent, et il lui raconta le fait suivant : « Le régiment occupait Sarrelouis, et dans les places il était défendu aux soldats par un ban général, de mettre l'épée à la main, sous peine d'avoir le poing coupé. Cet homme trouve deux de ses camarades qui se battent, court à eux, et, suivant la règle qui dit qu'il ne faut jamais séparer deux épées croisées qu'avec une épée, il tire la sienne, se jette entre eux et leur dit : « Amis, que faites-vous ? » A ce moment la garde accourt, les duellistes fuient, mais le caporal qui reste (car il n'avait rien à se reprocher), est saisi l'épée à la main et conduit au corps de garde. Il raconte la chose telle qu'elle est ; on assemble un conseil de guerre : il y paraît avec fermeté et répète la vérité. On lui demande le nom des coupables. « Je les connais, Messieurs, répond le brave, mais je ne les nommerai pas, encore moins pour les mettre à ma place ! »

Sur son refus, on menace le caporal de subir la peine qu'il a encourue quoique avec de bonnes intentions.

« Qui de vous dénoncerait un camarade ? Répondit-il noblement. Non, il me suffit de sauver deux hommes du crime et de la punition, de les garder à l'armée. Peu de soldats *sont sûrs de rendre un tel service*. J'ai encouru la peine, je la subirai. Je demande une seule grâce : coupez-moi le poignet gauche, afin que je puisse encore tirer l'épée pour de belles occasions. »

La lettre de l'ordonnance fut suivie dans toute sa rigueur, et le digne soldat, après avoir remercié de l'échange du poignet, arrivé au billot dit au bourreau : « J'ai subi l'humiliation de l'appareil pour l'exemple, c'est là la peine ; le reste doit être exécuté par la main d'un soldat. Retire-toi et me donne le couteau. » Il le prend en effet, et d'un coup fait sauter son poignet gauche !

Le XVIIe siècle, qui a produit un tel homme, pourrait être, pour ce seul fait, nommé le *grand siècle !* le nom de ce héros n'a pas été conservé, mais son dévouement si chrétien et si français lui assure dans l'Eternité, une auréole dont l'univers entier enviera les rayons.

L'OFFICIER

Je vais vous lire un passage très curieux sur les *Epreuves judiciaires au Moyen Age :*

« Entre toutes les coutumes du Moyen Age, il en est qui touchent à notre sujet d'une manière intéressante. La diète générale d'Attigny (822) défendit absolument les divers genres d'épreuves judiciaires connues sous le nom de *jugements de Dieu,* dont les coutumes nationales avaient jusque-là perpétué l'usage. La foi peu éclairée des populations chrétiennes, se persuadait que Dieu lui-même intervenait pour faire découvrir les coupables ; et lorsque la justice humaine était impuissante, on permettait au citoyen d'appeler son accusateur aux épreuves judiciaires.

Dans l'épreuve du *fer rouge* par exemple, l'accusé devait prouver son innocence en prenant sans se blesser, ou en foulant aux pieds sans être brûlé, une lame rougie. Dans celle de *l'eau froide,* l'accusé était plongé dans l'eau ; s'il surnageait il était déclaré coupable, s'il coulait à fond il était innocent.

« Mais la pratique *la plus odieuse,* disent les historiens, parce que la cruauté s'y trouvait jointe à la superstition, c'était l'épreuve *du duel*. L'accusé devait d'abord prêter serment de son innocence, et, si la partie adverse refusait ce témoignage, le juge ordonnait le combat. Telle est l'origine barbare du faux point d'honneur qui subsiste encore, et qui devait laver dans le sang (par conséquent dans le crime) l'injure d'un démenti !

Tandis que notre siècle repousse les plus nobles usages du moyen âge, il en a gardé *seulement* la coutume sauvage de l'homicide, voilé sous le mot de *duel* !

Voilà jusqu'où peut s'égarer la raison humaine, laissée à elle-même et à ses propres jugements ! Les Barbares du Nord étaient aussi dans l'usage de se faire justice à eux-mêmes. Ils vidaient leurs querelles par la voie des armes et voyaient un *jugement de Dieu* dans l'issue de la lutte : à leurs yeux le vainqueur devait être l'innocent. « La persistance de cette coutume absurde et barbare est une honte pour notre siècle (1). Le duel est condamné par la morale et la religion ; il faut encore qu'il soit condamné par la loi...

« En fait, il existe dans notre législation une lacune grave : il est urgent et d'ailleurs facile de la combler. » Le Brun a fait une bonne œuvre, le jour où il a peint le magnifique tableau représentant la Justice arrêtant la fureur des duels. La Justice était pour les païens une divinité, elle est pour les chrétiens une vertu cardinale, c'est-à-dire une de celles qui appuient et amènent les autres vertus. Or, ni chez les anciens ni chez les peuples nouveaux, la vengeance ne doit être considérée comme permise et confondue avec la justice ; pas davantage elle ne saurait être prise pour la valeur.

« Je vous donne le duel, écrit un auteur ancien,

---

(1) Ainsi s'exprime à l'article *Duel*, le dictionnaire *de Vorepierre*.

comme la *couverture de la lâcheté*... et la plupart de ces gens-là qui n'ont autre chose en la bouche que les duels, sont des têtes serviles qui, si on les avait pilées et pulvérisées dans un mortier, ne donneraient pas une demi-once de force guerrière. A Dieu ne plaise que nous prenions la paille pour l'or, et le singe pour l'homme ; nous savons que la valeur, au rapport des grands capitaines, est dans la considération et la froideur comme dans son vrai élément.

« ... Le malheureux ! il se figure une gloire mondaine qui le mettra au nombre des vaillants, et il rencontre une mort sanglante qui tue l'âme et le corps d'un même coup... Aussi, devant les gens sensés, personne n'aura-t-il la réputation de valeur pour avoir fait ce crime. Assurez-vous que la plupart de ceux qui montrent des fougues si brillantes en ces actes barbares, et qui se sont faits les plus importuns à provoquer les autres au combat, quand ils sont venus aux armées où il fallait témoigner de la vraie valeur, se sont mis à fuir si désespérément qu'on en a vu franchir des forêts de deux lieues sans voir un seul arbre, tant ils étaient perdus. Peut-être me direz-vous que vous en avez connu qui se sont battus en duel, lesquels n'ont pas laissé d'être vaillants dans les armées ; je ne le nie pas, mais je nie qu'il ait été vaillant pour se battre en duel, car ce n'est pas la marque d'un vrai courage, mais bien d'une lâche faiblesse qui ne sait porter un mot ou une froideur sans perdre contenance.

« Et dites-moi, un jeune cavalier qui a quelquefois père, mère, femme, enfants, honneur, richesse, délices en la vie, irait-il de sang-froid se priver de tout cela, descendrait-il les yeux ouverts en enfer, s'il n'y avait quelque esprit de l'abîme qui le traînât au dernier malheur ? Il fait pour une mine froide, une parole étourdie et un caprice d'esprit, ce qu'il ne ferait ni pour Dieu ni pour la patrie ! »

Turenne avait appris de son père que le duel est une *sottise* et une *lâcheté,* il garda profondément au cœur la haine de ce crime; aussi ayant su que dans son régiment un capitaine avait tué un officier en duel, il lui fit immédiatement intimer l'ordre de quitter l'armée qu'il déshonorait.

« Je ne veux pas, dit-il alors, de pareilles gens dans mon armée. J'ai remarqué d'ailleurs plus d'une fois la misérable contenance de ces faux braves devant l'ennemi. Si on laissait faire celui-ci, il nous tuerait tous et pas un des ennemis du roi. »

Turenne prêchait d'exemple; dans sa jeunesse, provoqué par un officier, il avait répondu :

« Je ne veux pas me battre au mépris des lois divines et humaines ; mais je saurai, aussi bien que vous, affronter le danger quand le devoir me l'ordonnera. Il y a en ce moment un coup de main très honorable et à vrai dire très périlleux. Demandons la permission de le tenter, et nous verrons qui de nous s'en tirera le plus bravement. »

Le duelliste se garda bien d'accepter, il trouva le coup de main *trop hardi!* Car tel est d'ordinaire le courage des frondeurs !

LE GRAND-PÈRE

Il y a des occasions où il faut un véritable héroïsme pour avoir l'air de reculer, je dis *avoir l'air;* car les soldats qui reculent alors, font un fameux pas en avant ! Voici un des plus beaux traits de ce genre, et mon père, comme je vous l'ai dit, avait connu tout ce monde-là.

C'était après le 10 août, les scélérats avaient envahi

les Tuileries où était le bon roi Louis XVI, ses défenseurs étaient dispersés.

Madame de Lescure raconte dans ses *Mémoires* qu'elle n'était pas tranquille : « Tous les seigneurs, écrit-elle (1), émigraient et blâmaient M. de Lescure de rester ; mon oncle de Lorge lui écrivait les lettres les plus pressantes. Je parlai à Madame la Princesse de Lamballe, elle demande les ordres de la reine qui la chargea de me rapporter ces propres paroles : « Je n'ai rien de nouveau à dire à M. de Lescure, c'est à lui de consulter son devoir, son honneur et sa conscience, et j'ajoute cette réflexion : les défenseurs du trône sont toujours bien, quand ils sont auprès du Roi... » On sait que la plupart des nobles émigrés espéraient se réunir autour des princes, et rétablir le roi sur le trône en rendant la paix à la France ; mais outre le désir de les joindre, M. de Lescure pouvait craindre que son séjour en France lui fût reproché comme un moyen de sauver sa fortune, le décret ordonnant de saisir les biens des émigrés ayant paru deux jours auparavant. Lorsque je rapportai à M. de Lescure, continuent les *Mémoires*, la réponse de la Reine et lui communiquai mes craintes, il me dit : « Je serais un homme vil à mes yeux, si je pouvais balancer un instant entre ma réputation et mon devoir : obéir au roi avant tout. Si j'en suis la victime, au moins je n'aurai rien à me reprocher. J'estime trop tous les émigrés, pour ne pas croire que tous et chacun d'entre eux se conduiraient de même à ma place. J'epère que je serai à portée de prouver que je ne suis pas resté par peur, et que je me battrai ici plus qu'eux là-bas ; en tout cas, si je ne suis pas à portée de rien faire et que je sois blâmé, j'aurai sacrifié au Roi jusqu'à

---

(1) *Mémoires* de Madame la Marquise de La Rochejaquelein.

mon honneur, mais je n'aurai fait que mon devoir. » Tels étaient ses sentiments, je les admirais et j'étais inquiète.

« Quelquefois je lui disais que peut-être les émigrés rentrant en France, chercheraient à répandre des doutes sur son honneur et sur sa bravoure : « Je ne me battrais pas avec eux, répondait-il, la religion me le défend ; mais à la première guerre juste qui s'allumerait en Europe, j'irais servir comme volontaire et je saurais bien montrer si je manque de courage. »

Un jour, M. de Donnissan rencontra dans la rue deux cavaliers se poursuivant ; l'un d'eux levait son arme contre son camarade. M. de Donnissan lui retint le bras en disant : « Jésus-Christ a pardonné à ses bourreaux, « et tu es de l'armée catholique. » Aussitôt cet homme embrassa l'autre. Il n'y a jamais eu de DUEL dans l'armée vendéenne ; et comme les officiers conservaient leur vie pour la sacrifier dans la bataille au service de la foi, les soldats les imitaient.

Ces hommes-là étaient de fiers chrétiens. Lors du conseil de guerre qui décida du siège de Nantes, Bonchamps, persuadé qu'il serait possible, en suivant la rive droite, de réunir l'armée vendéenne aux troupes de Bretagne, combattit avec la chaleur d'une conviction profonde le plan contraire de Stoflet. Celui-ci entra dans une violente colère et en vint à provoquer un duel.

« Non, Monsieur, répondit Bonchamps, avec son calme habituel et toujours digne, je n'accepte pas votre défi. Dieu et le Roi peuvent seuls disposer de ma vie ; et la France perdrait trop si elle était privée de la vôtre. »

En lisant ce trait, lequel estimez-vous le plus ?

LE BRIGADIER

J'étais là, moi aussi, quand deux colonels ont manqué se battre ; on était désolé, car on les aimait, et ce n'était pas un bon exemple pour les troupes.

Changarnier venait d'être nommé colonel au 2° léger, dans lequel il avait obtenu tous les grades, pendant que M. de Bourjolly était colonel au 1ᵉʳ chasseurs d'Afrique. Ces deux régiments, les plus renommés par leurs exploits, semblaient animés d'une noble émulation pour se surpasser l'un l'autre. Après l'expédition des portes de fer (1839), Abd-el-Kader parut devant Blidah, commandée par le général Duvivier. Le maréchal Vallée porte secours à la place et engage le 2° léger et le 1ᵉʳ chasseurs d'Afrique. Changarnier parvient à dissimuler son régiment, il arrive à cinquante pas des Arabes qu'il aborde à la baïonnette. La cavalerie d'Abd-el-Kader allait tomber sur nos troupes, quand le 1ᵉʳ chasseurs commandé par Bourjolly, prend à revers les réguliers attaqués de face par Changarnier et décide de la bataille. Dans son rapport, le maréchal Vallée loua le secours donné si à propos par Bourjolly, mais attribua la victoire à Changarnier. De là, une revendication du colonel Bourjolly suivie d'une réponse si violente de Changarnier, qu'une explication par les armes était imminente et le jour de la rencontre assigné. Mais le duc d'Orléans fit mander par ordre les deux colonels. Il interposa son autorité avec ses nobles principes chrétiens, fit comprendre aux colonels qu'ils devaient comme officiers supérieurs être l'exemple de l'armée, qu'enfin leur vie appartenait à Dieu et à la France, et il les réconcilia autant par ses affectueuses paroles que par son titre de prince que tous respectaient.

Plus tard, Changarnier et Bourjolly ayant été nommés ensemble généraux de brigade, la dépêche parvint à Bourjolly pendant que son rival opérait vers Milianah. Aussitôt Bourjolly monte à cheval et porte la bonne nouvelle à Changarnier. Voilà comment les véritables hommes de guerre et les vrais braves comprennent le devoir et l'*honneur militaire*.

L'auteur de la Vie de Mgr de Mérode, Mgr Besson, l'illustre évêque de Nîmes, raconte ainsi les débuts du jeune Xavier à l'école militaire de Bruxelles, le *Saint-Cyr* de la Belgique :

« Le noble rejeton d'une famille si près du trône (1) se tira de toutes les épreuves qui devaient montrer son caractère, sa vertu et son instruction solide, à l'honneur de son nom et de sa foi. On le voyait le soir prier à genoux au pied de son lit, il assistait le dimanche à la grand'messe à Sainte-Gudule, il allait dans l'après-midi causer dans les meilleurs salons, et les relations qu'il avait choisies assuraient sa persévérance.

« Les camarades du jeune soldat étaient curieux de savoir comment avec son nom et ses habitudes pieuses, il supporterait le régime et les railleries de l'école. On l'avait tâté. Dès le premier jour, un élève des plus impies, qui avait son lit à côté du sien, remarqua qu'il avait fait sa prière à genoux avant de se coucher. Cette prière n'avait duré que quelques minutes, mais c'était assez pour déplaire à ce mauvais voisin. Le lendemain, il saisit le moment où Xavier se met à genoux, et dit tout haut : « Moi, je fais ma prière à Vénus et je me soucie fort peu de toutes vos patenôtres. — Faites votre prière à qui il vous plaira, repartit Xavier d'un ton sec et ferme, et ne

---

(1) On sait qu'en 1830, la Belgique songeait à se donner pour roi le Comte Félix de Mérode, le père même de Xavier de Mérode.

me marchez pas sur les talons. » Un autre alla plus loin. Pendant une leçon de dessin il tourna les bigots en ridicule regardant Xavier d'un air railleur. Xavier lui demanda si c'était à lui que s'adressaient ses paroles. « Oui, dit l'autre. — Eh bien! je vous répondrai après la leçon. » Une heure après, le défilé commence. Xavier va droit à l'insulteur:

« — Il est donc vrai que vous avez voulu me provoquer?

« — Oui, car je sais que les *jésuites* ne se battent pas en duel, et qu'ils soignent trop leur peau pour s'exposer à un coup d'épée.

« — En effet, mes principes, sinon ma peau, ne me permettent pas de me battre en duel et de tuer un homme pour de méchants propos; mais puisque vous voulez une explication, je vous la donnerai dans des termes dont vous vous souviendrez. Vous voyez mes deux mains, elles sont vastes et toujours à votre disposition. C'est par elles que je mettrais au besoin les insulteurs à la raison, mais aujourd'hui je vous les tends en bon camarade. »

En forçant ses camarades à le respecter, Xavier voulait à tout prix éviter le duel. Il se l'était promis le jour où il entra à l'école militaire. Il l'avait promis à Dieu, il tint religieusement sa parole; à ceux qui l'insultaient, il donnait rendez-vous devant l'ennemi.

Autorisé à servir sous les ordres du maréchal Bugeaud il fut incorporé à son état-major; à peine arrivé au régiment, de Mérode fut l'objet d'une provocation en duel. La magnanimité avec laquelle il la repoussa étonna tout le monde; mais quelques-uns doutaient encore de sa valeur. Huit jours après il fallut se rendre à l'évidence; « nous avons vu, dit un camarade, comment il savait se comporter sous les balles; nous nous disions: il a plus de courage que nous tous, car il a fait ce que nous n'aurions pas osé faire ; nul ne fut dès lors plus estimé ni plus aimé que lui. »

II

Petite peur des petits esprits.

L'OFFICIER

Mes amis, je vous signale encore comme l'un des plus redoutables ennemis du courage militaire et de l'honneur du soldat, la sottise par excellence *le respect humain !* Comment ! des braves qui donnent à Dieu et à la patrie leur carrière, leur famille, leur vie même, n'ont pas le courage de repousser cette crainte puérile des quolibets des camarades ?

C'est d'autant plus ridicule que très souvent c'est pour voir ce que vous répondrez, pour savoir si vous avez un peu d'esprit et de caractère, qu'on attaque votre religion. Dites-moi, si un Anglais vous prenait pour un Prussien, auriez-vous honte de proclamer que vous êtes Français ? Et vous rougiriez d'être chrétien ! vous, soldat français ! C'est bon pour les sots !

C'est bien le cas d'être libre, ça ne fait tort à personne de pratiquer son devoir envers Dieu.

Dans un régiment que j'ai connu et que commandait le brave général Ambert, il aimait beaucoup un brigadier qui pourtant n'était pas dévot ; le général si bon et si pieux, le regardait comme un enfant prodigue qui, un jour ou l'autre, serait un vrai chrétien. Donc ce brigadier n'était pas un saint homme, il jurait en païen, ne connaissait « l'Avent ni le Carême ». Pourtant il n'entendait pas la plaisanterie sur la liberté de ses hommes par rapport à la religion ! Trois jours après son arrivée, un jeune soldat se croyant seul, s'agenouilla pour prier. Le brigadier était entré sans bruit, le soldat en le voyant, se releva en rougissant; mais l'honnête brigadier s'écria : « Ne vous dérangez pas, jeune homme, vous faites là une bonne action, et celui qui le trouverait mauvais n'a qu'à venir me parler. »

Lorsque nous étions de corvée le brigadier charmait l'ennui par quelques chansons ; un jour une petite cloche se fit entendre, et un prêtre parut au loin portant aux malades le saint viatique.

« A genoux, voilà le bon Dieu ! s'écrie d'une voix tonnante le brave homme. Cette petite cloche c'est le garde à vous ! ajouta-t-il avec émotion; elle nous parle de la mort ! il faut toujours avoir la conscience nette, comme un fourniment pour la parade. »

Puis, voyant que les soldats le regardaient avec respect et quelque étonnement, il continua :

« Un bon soldat doit rester à son poste, et le dernier appel *du grand Roi* doit le trouver au travail : La mort c'est comme le brigadier de pose, qui vient relever le factionnaire. »

LE BRIGADIER

Nous ne sommes plus, grâce à Dieu et aussi à la persécution, dans ce temps de lâche respect humain où tout homme politique, magistrat et même militaire, rougissait de se montrer chrétien.

Deux armées sont en présence, celle de Jésus-Christ et celle de Satan, il n'est plus possible de rester neutre.

Jamais la sublime parole de saint Augustin n'a été

plus vraie que de nos jours : « Deux amours se sont bâti deux cités ; » Babylone et la Cité de Dieu connaissent leurs citoyens. Les écoles cependant, ont gardé parfois ce ridicule préjugé et cette sotte habitude, de dénigrer la religion et les pratiques de piété. Un témoin raconte une petite scène que j'ai lue dans plusieurs auteurs et qui peut trouver ici sa place.

C'était à l'heure de la récréation, d'autant plus animée ce jour-là qu'une pluie battante séquestrait nos polytechniciens dans les salles. Tout à coup, un élève quelque peu orateur, « sentant son *tribun* d'une lieue », s'élance sur une table, impose silence et se voit entouré de tous les camarades attentifs.

« Messieurs, je vous annonce une bonne occasion de nous divertir ; le hazard m'a fait rencontrer un objet précieux..., antédiluvien..., introuvable parmi nous..., vous n'en avez jamais vu, je pense..., en savez-vous même le nom ? C'est un rond qui n'a pas de centre, une couronne sans diadème, une chaîne sans anneaux, un billet de sortie et d'exemption pour les plus *crânes* ! un livre sans feuillets...; devinez le mot..., je vous le donne en cent et en mille..,

« Ah ! pas malin, c'est une pipe !

« Non, un billet de banque pour acheter chaînes, livres, etc.

Et continuant les plaisanteries de plus en plus animées, cette jeunesse exaltée passait des paris aux défis... La chose allait s'envenimer, quand l'orateur, avec un geste *sublime,* exhibe....

Un chapelet !

« Un chapelet ! répètent mille voix moqueuses, ici ! dans ce foyer des lumières ! dans cette école de liberté !

« A qui le chapelet? s'écrie de nouveau le tribun tapageur.

« Ce chapelet est à moi, répond avec calme un jeune élève, l'idole de ses camarades, et l'une des gloires de l'école dont il occupait le premier rang.

« A toi, pas possible!

« Très possible, mes amis, je dis mon chapelet tous les jours ; et je ne m'en tiens pas là. Je ne sais pas ce que vous faites, mais je vais encore à la Messe le Dimanche, et qui plus est, je me confesse le plus souvent possible! Avec Vauban, Turenne, Condé, Villars, Napoléon Ier, Canrobert et tous les héros sans exception, je pratique la religion. Je suis là en assez bonne compagnie, pour que vous ne m'en sachiez pas mauvais gré pour l'honneur de l'école. »

« Bravo! voilà qui est parlé, s'écrie un camarade. Bravo! en voilà un qui entend la *liberté*, répète un second ; et le beau parleur tout à l'heure acclamé sottement, descend de sa tribune, entoure avec les amis le franc jeune homme, qui saura mourir en héros après avoir vécu en chrétien.

LE BRIGADIER

Moi, je suis comme vous, pour dire les histoires que je sais ; il y en a assez d'autres pour raconter celles qu'ils ne savent pas, et même qui n'ont pas un mot de vrai.

— Nous étions devant Sébastopol. Un jour que je sortais de la tente du P. Parabère, un camarade m'aborde d'un air *tout chose*.

« — D'où viens-tu?

« — Tu le vois bien, de voir le P. Parabère.

« — Te confesser, peut-être?

« — Non, je n'en ai pas besoin, je m'étais bien confessé hier avant la bataille ; et depuis, ma foi, je me suis battu de mon mieux, j'ai bien dormi et me voilà tout comme un petit saint.

« — Comment tu t'es confessé ! je ne te croyais pourtant pas dévot ?

« — Qu'est-ce que tu appelles dévot ? Tu n'en sais seulement rien ! Des *dévots,* c'est comme qui dirait des gens *dévoués.* On a fait ses classes, mon cher, et on sait que dévot ça vient du latin, *devotus, dévoué.* Pour lors c'est pas déjà un si mauvais compliment. Et puis tiens, on est chrétien ou on ne l'est pas ; » je suis chrétien et soldat ; on trouve bon que je remplisse mon devoir de soldat, et moi je trouve bon de remplir aussi mon devoir de chrétien.

« — Je ne dis pas ! mais enfin, moi, la confession me déplaît, vu que c'est une diable d'invention.

« — C'est que probablement tu en as grand besoin. Et puis, si c'est une invention, dis-moi donc depuis quand on a trouvé cette idée-là ? Tous les gens qui nous content ces sornettes, devraient bien savoir avec tous leurs savants quel est ce fameux prêtre qui a inventé la confession. Avec cela qu'il n'aurait pas été fin, d'obliger les prêtres à se confesser comme les autres.

« — Ça m'a tout l'air de les amuser.

« — Les amuser ! dis-moi, quand le soleil nous tape sur la tête, ou que le froid nous gêle tout vivants, est-ce que ça nous amuse de rester là en faction quand bien même on nous raconterait des histoires ? C'est encore autre chose pour les prêtres dans les églises, ils restent renfermés pendant des heures entre quatre planches ; au camp, ils nous suivent même sous les balles ; au choléra, nous les voyons se glisser sous la tente, se coucher entre les lits des malades entassés si près l'un de l'autre qu'on ne peut pas les reconnaître ; et pourquoi ? pour confesser les mourants et leur donner le passe-port du grand congé.

Après cela nous dirions aussi avec les grands *benets* que c'est pour s'amuser! Allons donc, le troupier n'est pas si bête! A propos, as-tu vu le chirurgien? que dit-il de ta bonne petite fièvre qui te fait grelotter et claquer des dents toute la nuit, si bien que tu m'empêches de dormir?

« — Je lui ai décliné tous les tenants et les aboutissants de la chose; je lui ai même dit que je caressais bien un peu chaudement la bouteille..., enfin s'il n'y voit pas clair dans mon individu, c'est pas ma faute!

« — Mais s'il allait causer de toi, ce docteur?

« — Ma foi, tant pis! d'abord il n'est pas bavard, il en voit assez d'autres pour ne pas perdre son temps à causer de ses voisins; et puis, pas si nigaud! si je n'avais pas tout dit, il pourrait m'administrer une drogue, tout juste pour m'envoyer au cimetière.

« — Eh bien! mon cher, voilà tout bonnement la confession. Les maladies de l'âme sont comme celles du corps; pour les guérir il faut les connaître; le prêtre n'est pas plus curieux que le docteur; mais il ne peut pas plus que lui, guérir les maux qu'il ne connaît pas.

« — Tout de même, voilà un raisonnement!

« — Je ne suis pas au bout, va! Et ton patron, saint Vincent de Paul, était-il un brave homme?

« — Faut croire, puisque c'est un saint! N'est-ce pas lui qui a institué les sœurs, nos chères sœurs grises! et les prêtres lazaristes qui meurent dans les missions, qui nous reçoivent partout au loin, quand on a le bonheur d'en trouver sous sa main?

« — Connais-tu aussi des beaux noms? par exemple Bossuet, le P. Lacordaire, M. Pasteur, etc.?

« — J'ai bien entendu parler de ces grands hommes; c'en était des fameux! M. Pasteur vit encore!

« — Et les grands guerriers, les braves comme, par exemple, Canrobert, Drouot, Charette, Sonis, La Moricière, Miribel, Mac-Mahon qui sont de nos temps ; mais avant, le grand Condé, Bayard, Turenne et tous les autres. Tous ces gens-là se confessaient. C'était-il des sots ?

« — C'est pourtant vrai, je n'y avais pas pensé.

« — Regarde bien à présent ceux qui ne se confessent pas ; tu m'en diras des nouvelles. Inutile de te citer des noms, il y en a à revendre ; mais c'est tout de la *racaille,* joueurs, ivrognes, banqueroutiers, usuriers, voleurs, filous, chéquards, héros de barricades... Sais-tu que c'est déjà une forte raison de défendre la confession, qui a pour elle tous les honnêtes gens, et contre elle toutes les espèces de drôles !

« — Encore une supposition : Supposons que tu as une bourse bien garnie, tu rapportais à ta mère vingt mille francs. Mais pas du tout, la balle n'a pas choisi et voilà que tu es blessé et que tu vas mourir. Eh bien ! il y a là deux camarades, l'un qui se confesse comme Turenne et Canrobert, l'autre qui *braille* contre les prêtres. Auquel vas-tu confier les vingt mille francs pour porter à ta mère ?... Assez causé, mon brave, ne réponds pas..., je vois à ton regard que tu as compris et que, toi aussi, tu iras voir le P. Parabère. »

L'OFFICIER

Voilà une autre histoire qui sera du goût de Léon et sous une forme un peu leste, lui donnera aussi une bonne leçon pour l'avenir.

Un chasseur à pied qui avait fait bravement en 1849 la guerre d'Italie (et celle-là était pour remettre Pie IX sur le trône), avait été proposé par le général Oudinot pour la médaille donnée par le Saint-Père à ses braves défenseurs.

Il était en garnison à Lyon, causant avec un camarade tout en se promenant sur les bords du Rhône, et lui contait avec entrain l'assaut des remparts, la remise des clefs de Rome à Pie IX par le colonel Niel et tous les détails dont il avait été l'heureux témoin. Trois hommes à figure insolente suivaient les soldats; l'un d'eux s'approcha tout à coup, et remarquant la décoration du chasseur, dit en se moquant: « Le Pape, en te donnant ça, t'a-t-il pas donné aussi le droit de chanter la messe ?

« Non seulement de chanter la messe, mais encore le droit de confirmer, repartit le chasseur. » Puis, d'un geste prompt et résolu, il applique sur la face de l'insulteur un de ces soufflets, qu'au régiment on nomme *soufflets carabinés*.

Et l'ivrogne, se tenant pour averti, alla trébucher plus loin. Un Français ivre ou égaré, peut seul insulter au *soldat français* !

CHAPITRE XI

Les Ennemis *(suite)*

I

Pas de Croix d'honneur!

L'OFFICIER

Vous connaissez encore d'autres ennemis du soldat! D'autres bien petits en apparence, mais plus redoutables que les Prussiens, parce qu'ils se trouvent dans le camp même, qu'on ne s'en méfie pas et que souvent, hélas! on fait avec eux une sorte de paix qui les rend *maîtres chez nous*.

Ouvrons un vieux bouquin d'abord, une *chronique!*

LÉON

Pourquoi l'appelez-vous chronique?

L'OFFICIER

On nomme *chronique* l'histoire écrite dans le temps même où les évènements se sont passés, et, le plus souvent, écrite par les témoins des faits qu'ils racontent.

Les anciens chroniqueurs, plus fidèles historiens que la plupart de nos savants modernes, avaient à cœur de rendre l'étude de la vie des grands hommes instructive et intéressante, ils sont remplis d'anecdotes qui peignent au vif les caractères.

Charlemagne, aussi grand par sa prodigieuse activité que par ses hauts faits, avait coutume, en temps de guerre, de se lever plusieurs fois chaque nuit pour surveiller les troupes et se rendre compte par lui-même de la garde du camp. On trouve dans les mémoires ce trait merveilleux de sage fermeté. Deux seigneurs, fils de ducs, auxquels était confiée la garde du roi, s'étant enivrés, avaient été surpris par le sommeil à l'entrée même de sa tente. Charlemagne, d'abord étonné de voir endormis ceux qui devaient donner à tous l'exemple de la discipline, reconnut bientôt la cause de cet engourdissement ; il continua sa ronde et revint à sa tente sans que les officiers se fussent éveillés. Le lendemain, le roi réunit son conseil dont les coupables faisaient partie et, prenant la parole, il proposa cette question :

— Mes fidèles ! j'ai à vous consulter sur ceci : Quelle peine mériteraient ceux qui, par lâcheté ou même par négligence, pourraient risquer de livrer aux ennemis le chef des Francs ?

D'une commune voix, tous, et les ducs eux-mêmes qui n'avaient pas conscience de leur faute, s'écrièrent : « Ils méritent la mort. »

— Cet arrêt, continue Charles d'une voix tonnante se tournant vers les coupables, n'est-ce pas le vôtre ? Où étiez-vous, cette nuit, quand on a pu sortir de la tente et y rentrer ? Que faisiez-vous ? Qui eût empêché quelque audacieux de surprendre le camp, puisque j'ai pu, sans vous éveiller, passer sur vos corps engourdis par le sommeil de l'ivresse ?

Les seigneurs se tenaient en silence, car ils n'avaient point à justifier leur conduite.

— « Vous méritez la mort de votre aveu, reprit alors doucement le grand Charles, mais je vous sais braves sur le champ de bataille ; en cette considération, je vous pardonne cette première faute. Mais demandez-en pardon à Dieu, et, instruits par votre propre faute, n'ayez plus que de l'horreur pour ce vin qui peut entraîner des braves à l'oubli des devoirs les plus sacrés.

Peut-être avez-vous visité la Bretagne, cette terre classique de l'héroïsme et du dévouement ? Là vous aurez remarqué une population forte, au caractère fier, indépendant, tenace et résolu jusqu'à la mort. Les Bretons prétendent encore, dans leur patriote enthousiasme, que la France a été réunie à la Bretagne, non la Bretagne à la France ! C'est assez dire l'amour du sol natal, implanté au cœur de cette nation de granit comme les rochers de ses côtes.

Mais, une malheureuse habitude fait tache dans la vie du Breton ; beaucoup abusent de la boisson, et trop peu des enfants de l'Armorique passent sans s'arrêter devant les chaumières bariolées, ornées du gui champêtre et de la pompeuse enseigne :

Ici, bon vain, bon sidre, sans os

Yvon (nous ne voulons pas achever le nom de famille) était, en 1810, contre-maître sur une croisière, commandant Dubern (1). Plus d'une fois, le brave matelot s'était fait remarquer par son sang-froid, son admirable présence d'esprit, son courage et sa froide intrépidité ; mais, hélas ! il avait été impossible de lui accorder la croix d'honneur, qu'il méritait si bien, dans la crainte d'avoir

(1) Cette histoire, plusieurs fois reproduite, l'a été en particulier par B. Bouniol.

à punir, après l'avoir ramassé en état d'ivresse, le vaillant Breton, trop souvent vaincu par la séduisante bouteille.

Un jour, cependant, il s'agissait d'étudier la côte pour surprendre un bâtiment anglais, et d'envoyer à terre un aspirant de marine porteur des ordres. Le capitaine désigna Yvon ; mais avant le départ il voulut le prémunir contre les tentations :

« Mon brave Yvon, je vous sais courageux, je vous choisis pour conduire le canot et revenir promptement avant que l'Anglais ne nous aborde.

« Mon commandant, répondait Yvon, dans l'eau comme dans le feu, je suis à vos ordres pour le service.

« Très bien, mon ami, je compte sur vous ; mais je crains toujours cette funeste habitude que vous connaissez... que de reproches, que de punitions elle vous attire... que de récompenses que je voudrais vous donner et que vous semblez refuser. — Il manque un ruban rouge à votre boutonnière, mon pauvre Yvon... Dites donc une bonne fois : « Je le veux ! » Est-ce qu'une tête, est-ce qu'un cœur breton ne savent pas tenir une promesse ?

— « Je ne dis pas, mon capitaine. Tous les matins, en faisant sa prière, on se dit comme ça : « C'est fini la bouteille, » et puis on rencontre un camarade et on s'oublie.

— « Aujourd'hui, mon ami, nous aurons une belle chance ; si nous parvenons à donner la chasse à l'Anglais, je vous promets de vous désigner pour la croix, mais obéissez à la consigne.

— « Suffit, mon capitaine, on va se préparer, à seule fin de *rosser* l'Anglais !

Yvon embarque ; bientôt sous la main vigoureuse du contre-maître, le canot accoste, débarque l'aspirant et se tient à l'écart : le capitaine avait expressément interdit à aucun matelot de mettre pied à terre.

Pendant que le canot louvoyait, une barque de pêcheur quittait le port ; à la vue d'Yvon, l'un des hommes qui la montaient s'élance d'un bond dans le canot.

— « Ah ! *pays, pays !* c'est toi, Yvon ! je te retrouve *subito* après trois ans ! moi qui te croyais prisonnier des Anglais.

— « Prisonnier, moi, s'écrie Yvon, faudrait bien voir qu'un Anglais fasse prisonnier un Breton, quand il n'a pas été démoli auparavant ! J'en aurais bien jeté une douzaine à la mer avant qu'un seul m'ait touché !

— « On ne se rencontre pas comme ça sans se payer un verre ?

— « Pas moyen, *pays,* le capitaine a défendu de mettre le pied à terre et de quitter le canot.

— « Sévère, ton capitaine !... mais, tiens, une idée : je saute à terre, je rapporte une bouteille et nous buvons sans mettre pied à terre. »

Et, sans attendre la permission, le pêcheur entre au cabaret, ramène bientôt son mousse chargé d'un panier plein de verres et de bouteilles.

— « Tu avais dit *une* bouteille ! murmura Yvon, déjà à moitié vaincu !

— « A la santé du commandant, s'écrie le pêcheur ! A la santé d'Yvon !... A la santé de... » Mais les marins, ayant bu deux verres, refusent énergiquement le troisième ; Yvon seul, *pour faire honneur à la santé de ses amis,* continuait de trinquer, si bel et si bien, qu'au retour du canot, le contre-maître, étendu sous un banc, était incapable de mouvement, insensible et privé de raison !

— « Quel malheur ! s'exclama le capitaine ; un si brave matelot ! et précisément à l'heure où nous allons combattre... quel réveil il se prépare !

— Il fallut rouler à fond de cale, à la manière d'un

ballot, le pauvre Yvon, pendant que ses camarades affrontaient l'ennemi. »

La frégate anglaise, le *Prince-Noir*, commence l'attaque, mais pas un boulet n'atteint le *Jules-César* qui riposte par un feu meurtrier, et vire de bord avec tant de vitesse que le navire anglais ne put tirer. Les deux petits bricks qui convoyaient le *Prince-Noir* ayant attaqué le *Jules-César*, furent aussi vigoureusement repoussés, l'un d'eux coulé à fond, l'autre désemparé. Puis de nouvelles bordées ayant coupé le grand-mât de la frégate, le capitaine Dubern fit jeter les grappins et cria d'une voix victorieuse : « Mes enfants, ils sont à nous ! à l'abordage ! » L'équipage tout entier se précipite sur le pont, balaye les ennemis. Le capitaine anglais, resté presque seul et gravement blessé, est contraint d'amener son pavillon qui est remplacé par le drapeau français.

Le combat terminé, chacun se félicitait de la victoire, quand Yvon, éveillé enfin par le bruit, contemple avec stupeur le pont jonché de débris d'armes et ses camarades couverts de sang.

— « On s'est donc battu, s'écrie le pauvre Yvon ?

— « C'est possible, répond un matelot ; pendant que tu dormais sur la bouteille, le capitaine a crié : « A l'abordage, mes enfants ! » Et tous nous avons couru comme à la noce, je t'en réponds ! Enfoncé l'Anglais ! tout est fini ! Tu te réveilles juste à temps *pour ne pas avoir ta Croix d'honneur !*

— « Malheureux que je suis, s'écrie Yvon ; je ne suis pas digne d'être marin, encore moins Français, encore moins chrétien !

— Et, tombant aux genoux du capitaine, il disait : « Punissez-moi, mon commandant, fusillez-moi si vous voulez... ce que c'est que cette passion maudite ! abandonner son poste, risquer de trahir la France tant on est *brute*... et cela pour un verre de vin ! Et se croire courageux, encore ! comme si le premier courage n'était pas d'être le maître chez soi ! »

Le capitaine pardonna, en considération des bons services du contre-maître et de son repentir ; il fit jurer à Yvon de ne plus boire, cette fois il tint la parole donnée en prenant Dieu à témoin. Puis Dubern appelant le matelot qui, le premier, avait abordé le *Prince-Noir*, détacha la croix de sa boutonnière et la plaça sur le vêtement noirci du marin, sous les yeux d'Yvon qui s'évanouit en répétant : « *Voilà comment on n'a pas la Croix d'honneur.* » Il se releva corrigé !

II

Fable Russe

LE BRIGADIER

Le pire de tout, au régiment, c'était les semaines et les mois d'inaction ; on aurait donné tout au monde pour avoir un livre.

Pendant la guerre de Crimée, beaucoup de dames charitables en firent arriver en grand nombre aux aumôniers ; on s'arrachait ces *bons amis*, on se les passait, et, le soir, on continuait la lecture à la lueur des feux de bivouacs.

LE GRAND-PÈRE

Oui, les livres, on peut bien dire que ce sont de *bons* ou de *mauvais* amis.

Ecoutez la belle Fable Russe :

C'est au R. P. Martinow qu'est due la traduction inédite et littérale de cet apologue ingénieux et instructif, du grand fabuliste russe Krylof. Nous l'empruntons aux « *Etudes religieuses* ».

Au séjour ténébreux des mânes, parurent à la même heure devant les juges, un brigand qui exerçait son métier sur les grandes routes et mérita la potence, et un auteur, couvert de gloire, qui distillait un subtil poison dans ses livres, prêchait l'impiété, semait la corruption, et, pareil à une sirène, avait la voix aussi douce que dangereuse.

Dans les enfers, les procédures sont expéditives : là, point de longueur inutile ; en un clin-d'œil la sentence est préparée.

A deux effrayantes chaînes de fer sont suspendues deux énormes chaudières, où les coupables sont jetés. Sous celle du brigand, on dresse un vaste bûcher, la mégère elle-même l'allume, et la flamme devient si terrible, que la pierre des voûtes infernales se fend. Quant à l'auteur, le tribunal ne parut pas sévère : à peine un petit feu scintillait-il sous lui tout d'abord ; mais il alla grandissant toujours, durant des siècles, sans jamais s'affaiblir.

Le bûcher du larron était depuis longtemps consumé ; l'écrivain sentait le sien flamber toujours plus fort. Ne prévoyant aucune relâche, le malheureux finit par s'écrier, au milieu des tourments : « Les dieux n'ont « point d'équité ; j'ai rempli l'univers de ma gloire ; que, « si j'ai écrit un peu librement, la punition est par trop « sévère, car je ne puis pas être plus coupable que le bri- « gand. »

— Alors, l'une des trois sœurs infernales apparut dans toute sa beauté féroce, avec sa chevelure sifflante de serpents :

FABLE RUSSE.

« Tes peines ont pour mesure tes œuvres. »

« Malheureux, cria-t-elle, est-ce à toi de faire des reproches à la Providence ? Oses-tu t'égaler à un simple bandit ? Sa faute n'est rien comparée à la tienne : tout cruel et méchant qu'il fût, il ne causa de dommage que de son vivant, mais toi !... Tes os sont depuis longtemps en poussière, et le soleil ne s'élève jamais sans éclairer quelque nouveau malheur venant de toi ! Le poison de tes œuvres, loin de s'affaiblir, devient, en s'écoulant de siècle en siècle, plus corrosif. Regarde.... »

A ces mots, elle lui fit entrevoir le monde.

« Vois ces enfants, honte de leur famille et désespoir de leurs parents. Qui donc empoisonna leur cœur et leur esprit ? C'est toi... qui as raillé comme des rêves puérils le mariage, les pouvoirs, l'autorité qui les représente comme la source des misères humaines, excitant les hommes à rompre tout lien social ? C'est toi.

« N'as-tu pas honoré l'impiété du nom de science ? N'as-tu pas revêtu de formes séduisantes les passions et les vices ? Regarde là-bas ! Enivré de tes doctrines, le pays entier est plein de meurtres, de dissensions, de pillages et de révoltes. Il s'achemine à sa perte, grâce à toi !

« A toi est due chaque goutte de larmes et de sang. Et tu oses encore accuser les dieux ! D'ailleurs, combien de maux engendreront tes livres à l'avenir parmi les hommes ! Souffre donc ici ; tes peines ont pour mesure tes œuvres ! »

A ces mots, la mégère indignée attisa le feu.

Cette fable, à son apparition fit grand émoi ; le public pensa tout de suite à Voltaire, et c'était justice.

Pourtant, l'intention du La Fontaine russe était plus générale ; nous sommes parfaitement en droit de l'étendre aux journalistes contemporains et à tous les auteurs antisociaux, impies ou licencieux.

Après la fiction du grand fabuliste russe, citons un fait historique : Un des auteurs les plus tristement célèbres par ses romans réalistes, visitait, il y a peu de temps, un bagne pour surprendre dans les entretiens des condamnés, dans les différentes expressions de leur colère, quelque nouveau sujet *à sensations*. A son entrée dans l'une des salles, deux forçats encore jeunes s'empressent au-devant de lui, l'accueillent avec familiarité et invitent leur auteur favori à s'asseoir.

« Impossible, mes amis, répond le romancier, je n'ai pas le temps.

« Eh quoi ! vous ne venez pas ici pour rester ?

« Mais à quoi pensez-vous ? Pour qui me prenez-vous ?

« Je vous connais parfaitement, réplique à haute voix l'un des condamnés ; vous êtes N... Nous sommes ici pour avoir commis *une fois* l'un des crimes que prônent vos ouvrages. Si nous avons fait le mal, c'est pour avoir lu vos lignes obscènes..., et pendant que nous expions nos crimes, des milliers d'honnêtes gens vont perdre l'honneur, la liberté et la vie parce qu'ils auront sucé le poison subtil et mortel caché sous les fleurs de vos perfides romans !

« Je n'ai fait de mal à personne, répond le romancier, les gens de lettres me comblent d'honneurs, mes œuvres sont couronnées...

« De quelles couronnes donc ? s'écria en rugissant le galérien... Au tribunal de Dieu, vos couronnes se changeront en diadème de flammes, et tandis que nous, nous aurons pu, en regrettant notre crime, apaiser sa justice et gagner le ciel, le supplice commencera pour vous, car personne ne peut corrompre le Souverain Juge.

CHAPITRE XII

Les lâches. — Le Sage de la Grande Armée.

I

LÉON

Toutes ces histoires sont aussi intéressantes que belles, grand-père, mais j'ai lu quelque part un mot du maréchal de Saxe, il recommande l'étude et par conséquent la lecture, il écrit : « Les officiers passent leur vie à exercer des troupes et croient que l'art militaire consiste dans cette seule partie ; lorsqu'ils parviennent au commandement des armées, ils y sont tout neufs ; faute de savoir faire ce qu'il faut, ils font ce qu'ils savent. »

Il est donc absolument nécessaire de lire ; et pourtant vous avez dit souvent, qu'un livre peut être un très mauvais ami.

LE BRIGADIER

Tout comme Amédée est un mauvais ami pour toi, parce qu'il te donne de mauvais conseils et de mauvais exemples.

LE GRAND-PÈRE

Précisément, et voilà le point de mire de la chose : Il faut lire et relire les bons livres ; quant aux mauvais, il ne faut pas les *ouvrir*.

Un spirituel auteur a dit : « Votre existence entière ne

suffirait pas à lire tous les chefs-d'œuvre, pourquoi donc l'employer à connaître les mauvais auteurs, à empoisonner votre cœur, à gâter votre intelligence ? »

LE BRIGADIER

C'est que, père, souvent on s'ennuie et alors on prend n'importe quoi, comme les enfants paresseux et gourmands mangent tout ce qu'ils trouvent.

LE GRAND-PÈRE

Je ne dis pas ! mais quel est le plus grand malheur de s'ennuyer un peu ou de devenir un mauvais sujet, un lâche soldat, qui va peut-être se blottir derrière un tas de fumier au premier coup de feu. Ça s'est vu, mes enfants, pas plus tard qu'à la dernière guerre où nous, Français, nous avons été battus et envahis ; et même que l'Alsace est (pour le moment s'entend !) devenue *prussienne !* S'il n'y avait eu que des bons chrétiens, comme les zouaves de Sonis et de Charette, croyez-vous que ça se serait passé comme ça ! Sonis avait, c'est lui qui raconte cette histoire, trois cents braves zouaves ; deux régiments d'un effectif considérable lâchèrent pied et s'enfuirent. Les trois cents zouaves ont sauvé l'honneur.

Que dire, mes enfants, ajouta le vieillard, en voyant des *soldats français qui reculent !...* Croyez-moi : ils avaient lu de mauvais livres !

LÉON

Comment, les mauvais livres peuvent rendre lâche !

LE GRAND-PÈRE

Ah ! ils font bien d'autre mal encore ; c'est comme du poison ; et quand même ils sont amusants, ils gâtent l'esprit et le cœur. J'ai connu un enfant gourmand et qui ne savait pas résister à la vue d'un gâteau. Un jour, en préparant une potion, son père, qui était pharmacien, eut la distraction de prendre une pincée d'arsenic au lieu de sucre et en soupoudra quelques petits gâteaux. Puis il s'écria : « Surtout, Gaston, ne touche pas à ces maudits gâteaux, il y en a un ou deux que j'ai empoisonnés sans le vouloir, va les jeter tout de suite. Le malheureux gourmand se dit : « Bah ! il n'y en a qu'un ou deux, ça serait bien du guignon si je tombais sur ces deux-là ! » et il avale en cachette un gâteau ! C'était justement le mauvais ! Gaston est pris de crampes, de vomissements... On le soigne si bien qu'il ne meurt pas ; mais il est resté toute sa vie si faible, si malingre, si *bêta,* qu'on se disait : « voilà le gourmand empoisonné. » C'est tout juste l'effet des mauvais livres.

LE BRIGADIER

Dans les régiments il y a plus de mauvais livres que de bons ; mais je choisissais les Vies des soldats et des grands capitaines, les histoires de batailles ; quant aux mauvais livres où l'on se moque de tout et où l'on vante rien que les gredins, un brave ne doit pas seulement y mettre le nez.

LÉON

Le conscrit qui part dimanche nous a dit que dans toutes les villes il y a des bons soldats qui, vont le soir s'amuser ensemble très comme il faut chez un curé qui leur donne des livres, des jeux et même du tabac ; ils se rencontrent entre amis, et s'encouragent à rester bons chrétiens pour être bons soldats.

LE GRAND-PÈRE

Tu as raison : bon chrétien pour être bon soldat, car « soyez bien sûrs que des légions d'athées ne tiendront jamais contre des légions Fulminantes » (de Maistre).

LÉON

Je ne sais pas l'histoire de cette légion-là.

LE GRAND-PÈRE

Encore un exemple magnifique, que les soldats chrétiens ignorent pour la plupart, et qu'un empereur païen a cependant fait sculpter sur un arc de triomphe pour en perpétuer la mémoire. C'était sous le règne du Romain Marc-Aurèle ; bien qu'il fût naturellement doux, la persécution contre les chrétiens n'avait pas cessé, lorsqu'un évènement miraculeux le força à se montrer moins hostile.

Voici la manière toute païenne dont Dion Cassius présente le fait de la *légion Fulminante*.

« Marc-Aurèle après des exploits sans nombre... s'engagea contre la tribu barbare des Quades (de la nation des Suèves ; ils occupaient la province actuelle de Moravie et Silésie). Une victoire inespérée couronna ses efforts, dans des circonstances où l'on ne saurait s'empêcher de reconnaître l'intervention protectrice *d'un dieu*. » Puis il raconte le prodige qu'il attribue à Mercure, dieu des nuages, invoqué par les mages. Un autre auteur païen, Xiphilin ajoute ceci : « C'est ainsi que Dion s'est exprimé... mais il savait parfaitement l'origine de *Fulminante* conféré à la légion à l'occasion du prodige.

Ce ne furent *donc pas les incantations du mage* qui sauvèrent l'armée et mirent en déroute les barbares. Voici comment les choses se passèrent : Marc-Aurèle avait une légion composée de soldats recrutés dans la province de Mélitène, où tous les habitants adorent Jésus-Christ. Au moment où l'empereur, ne sachant quel parti prendre, et tremblant pour le sort de l'armée, qui mourait de soif, flottait dans l'irrésolution, le préfet des gardes prétoriennes l'aborda et lui parla en ces termes : On prétend qu'il n'est rien que les chrétiens ne puissent obtenir de leur Dieu, par la prière. Or, il y a dans l'armée une légion composée de soldats qui tous appartiennent à cette religion. Marc-Aurèle saisit cette lueur d'espérance ; il vint en personne demander aux soldats chrétiens d'implorer le secours de leur Dieu. Ils le firent, et leur prière fut subitement exaucée ; la foudre éclata sur-le-champ parmi les rangs des barbares, pendant qu'une pluie bienfaisante rafraîchit les Romains. Marc-Aurèle demeura stupéfait à la vue de ce prodige. Il publia un édit en faveur des chrétiens, *fit cesser la persécution*, et décerna à la légion le titre de *Fulminante*.

Voilà, mon ami, les histoires qu'il faut lire. Celles-là sont des histoires *vraies ;* et ça nous touche au cœur, parce que l'armée doit suivre ces beaux exemples, l'armée française surtout, pour rester la plus brave et, comme on dit, *les premiers soldats du monde !*

L'OFFICIER

Dans l'oraison funèbre du général Drouot, le P. Lacordaire n'hésite pas à déclarer que la flamme de la vie généreuse de Drouot s'alluma par l'amour de l'étude. « Faut-il, dit l'orateur, que je surprenne par là peut-être quelqu'un de mes auditeurs ? Sommes-nous si loin déjà du temps où la culture des lettres pour elles-mêmes, était une passion distincte de toutes les natures noblement trempées ?... Le général Drouot avait appris dans les laborieuses études de sa jeunesse, cet amour antique des lettres humaines. Un chef-d'œuvre était pour lui un être vivant avec lequel il conversait, un ami du soir qu'on admet aux plus familiers épanchements. Penser en lisant un *vrai livre,* le prendre, le poser sur la table, s'enivrer de son parfum, en aspirer la substance, c'était pour lui comme pour toutes les âmes initiées aux jouissances de cet ordre, une naïve et pure volupté. Le temps coule dans ces charmants entretiens de la pensée avec une pensée supérieure ; les larmes viennent aux yeux ; on remercie Dieu qui a été assez puissant et assez bon pour donner aux rapides effusions de l'esprit, la durée de l'airain et la vie de la vérité.

« Ne nous demandez plus ce qui animait la vie du vétéran de la Grande Armée, et lui enlevait les heures que le cours de son âge lui apportait. Tandis que nous vivons dans le présent, il vivait dans tous les siècles ; tandis que nous vivons dans la région des intérêts, il vivait dans la sphère du beau. Vie rare et excellente, parce que le goût n'y suffit pas, mais qu'il y faut le cœur et la vertu. Ce n'est pas sans raison que les anciens l'appelaient du nom de culte, et, comme on dit la religion de l'honneur, on pouvait dire aussi la religion des lettres. »

Il est dans la vie de tous les grands hommes, certains faits si connus qu'il semble superflu de les redire, si caractéristiques qu'il est également impossible de n'en pas parler. Telle est dans la vie de Drouot l'heureuse rencontre de jeunes soldats nouvellement arrivés à Nancy avec un régiment de ligne. De condition semblable, mais de caractères bien différents, l'un robuste et enjoué, l'autre moins alerte et plus réfléchi, tous deux cependant types de la loyauté et de la gaieté françaises.

Ils se promenaient au dehors de la ville, admirant la luxuriante végétation des bords de la Meurthe, les collines boisées des contre-forts des Vosges, dorées par les rayons d'un soleil resplendissant.

« — Avoue que nous avons bien fait de quitter le billard, et que les merveilles de la nature valent bien les plus beaux monuments, dit l'un.

« — Certes tu as raison et pour cette fois je te pardonne de m'avoir arraché aux doux entraînements de la bouteile et du jeu ! répond le second.

« — Comme tout ce qui nous entoure élève l'âme vers Dieu ! De quelles magnificences il a décoré notre demeure terrestre !

« — Pour cela, mon *sacristain,* ne va pas me commencer un sermon ! Chacun son affaire ! Je laisse la religion aux dévotes, les sermons aux vieilles filles, le curé aux petits enfants ; mais, *je suis soldat* ; j'aurais honte de ces niaiseries.

« — Moi aussi, je suis soldat, et de plus *soldat chrétien* ; c'est justement pour cela que je n'entends pas vivre comme une *brute;* tandis que les vieilles filles, les dévotes et les enfants nous passent sur le dos et peuvent nous faire un fameux *pied de nez*, quand nous vivons comme ce maître Alliboron que tu vois ici, broutant l'herbe sans se douter qu'il a une âme ! C'est flatteur, n'est-ce pas ?

« — Je sais aussi bien que toi que j'ai une âme, et que je ne suis pas *un animal* à *deux pattes ;* mais je n'ai pas envie de faire rire de moi.

« — Et qui est-ce qui rira ? Les braves et les bons soldats, ou les traînards et les ignorants ? Ne sont-ils pas tous des petits garçons vis-à-vis du bon Dieu ? Savent-ils seulement qu'il existe, ceux qui te font peur, et devant qui tu trembles ? Pour moi, je ne reculerai devant personne, entends-tu ? Je suis libre de croire ce qui ne gêne personne, et je les enverrai tous promener.

« — Vas te promener toi-même avec tes sermons.

Les deux amis arrivaient alors au croisement de plusieurs routes ; une grande croix s'élevait au carrefour, suivant l'usage des pays catholiques ; de plus les processions des Rogations avaient choisi le calvaire comme lieu de station, et des fleurs, des rameaux verts, quelques gerbes prémices, des semailles, étaient déposés sur les marches du monument. Le soldat chrétien se découvrit avec respect.

« — Prends garde, s'écrie son camarade ; je vois venir un homme, il va se moquer de nous.

« — Et moi, je me moque de lui et de toi ! riposte le brave garçon.

L'étranger parvenu lui-même au calvaire, salua avec piété faisant un grand signe de croix. Alors les deux amis le regardèrent attentivement, remarquèrent une rosette, et plusieurs décorations sur sa redingote fermée. Son allure martiale, son regard étincelant semblaient pénétrer jusqu'au fond de l'âme. Il était évident que jamais cet homme n'avait reculé et qu'il en avait terrassé plus d'un !

« — Vous me regardez, jeunes gens, dit-il après un moment de silence, vous êtes surpris qu'un vieux de la vieille brave le respect humain ? Aujourd'hui, il y en a qui ont peur de montrer leurs épaulettes dans une église, mais ça passera. Dans les temps glorieux de l'armée, les chefs héroïques auraient rougi de ne pas donner l'exemple, car ils savaient que ceux-là sont fidèles à la patrie qui le sont d'abord à Dieu.

Les soldats tenant leur képi à la main, se sentaient émus de respect. Le vieillard reprit :

« — C'est encore comme cela, mes enfants, et les plus braves au feu sont les plus braves à l'église. Tenez, je me rappelle un mot de Napoléon.

« Un jour, c'était aux Tuileries, dans le temps de la puissance sans limites de l'empereur ; il était entouré des généraux et causait familièrement avec eux. Un de ces Messieurs eut l'idée de lui poser cette question : « Quel est, sire, le plus heureux jour de votre vie ? » Les uns répondaient intérieurement : Austerlitz, Marengo, ou le jour du sacre... L'empereur ne réfléchit qu'un instant, et de cette voix vibrante qui électrisait des milliers de combattants, il répondit avec gravité : « Le plus beau jour de ma vie, Messieurs, ç'a été le jour de ma première communion ! »

« Vous auriez vu alors tous ces généraux stupéfaits, ne pouvant croire que le conquérant le plus illustre des temps modernes et peut-être du monde, n'eût pas pour meilleur souvenir, une des grandes victoires qui ont immortalisé son nom. Un seul, profondément ému regardait le souverain avec admiration ; Napoléon traversa le cercle et venant à lui, lui serra la main avec tendresse, en disant : « Merci, général, vous êtes ici le seul qui m'ayez compris. »

Puis le vieillard donnant aux soldats un signe d'adieu, rentra dans la ville.

Le dimanche d'après, à la communion de la messe, il se dirigeait les mains jointes vers la sainte table, se plaçait dans la foule, s'y trouvait entre une mendiante et un petit enfant, puis reprenait sa chaise avec la même simplicité.

En sortant de la messe, un jeune homme aborda les conscrits et d'un air radieux :

« — Eh bien ! vous l'avez vu ? En voilà un homme !

« — Qui, demanda le chrétien ?

« — Mais lui... vous ne le connaissez pas ?

« — Nous arrivons à Nancy ; mais vous entendez parler, je pense, du noble décoré qui vient de communier si pieusement ?

« — Sans doute,... le brave entre les braves, le plus honnête homme de l'armée, le *Sage de la Grande-Armée* comme disait l'empereur, le général Drouot enfin !

II

LE GRAND-PÈRE

Vous, mes amis, vous savez les histoires pour la jeunesse ; mais ce n'est rien que ces beaux exemples auprès de la vie tout entière du général Drouot. C'était un des chefs de votre grand-père, toute l'armée l'admirait et toute l'armée l'aimait, bien qu'il fût pauvre et modeste. Allez donc dire que l'argent fait tout ! Dans le mauvais temps présent, c'est possible ; mais souvenez-vous de ce que je vous dis : « Ça n'est qu'un moment à passer, la France ne peut pas être pour toujours l'esclave de l'argent, elle redeviendra la *France généreuse et chrétienne.* »

Voilà donc l'histoire du grand Drouot.

DROUOT

« Il s'en fallut peu que le Ciel ne cachât à la terre le trésor qu'elle possédait. » dit Lacordaire en parlant de Drouot. A seize ou dix-sept ans, le jeune chrétien songeait à revêtir l'habit des Chartreux. Son corps était peu développé, son visage imberbe lui donnait les allures d'un enfant; il en avait la précieuse innocence, les entraînements généreux, les loyales espérances. Un frère aîné d'Antoine venait de mourir, frappé en pleine poitrine, dans l'armée de Sambre-et-Meuse; Antoine voulut partir. « Non, dit le père, tu as voulu étudier, maintenant il faut achever tes études. »

En effet l'enfant du boulanger de Nancy avait *voulu* étudier; avant que ses petits bras fussent assez forts, il essayait de soulever l'instrument du travail, il oubliait le jeu pour le travail ou les livres; à la lueur du four il creusait les sillons dans le champ de la science, et devenu le meilleur élève des frères, il était admis avec une bourse au collège de Nancy. Le professeur déclarait qu'après deux années « Drouot avait acquis les connaissances enseignées dans les écoles militaires supérieures. »

C'est qu'il profitait de toutes les occasions pour s'instruire. « Dès les deux heures du matin, quelquefois plus tôt il était debout... il croissait, dit Lacordaire, sous la triple garde de l'obscurité, de l'innocence et de la pauvreté. »

Un jour il fallut s'éloigner, franchir à pied la distance de Nancy à Châlons où M. de Laplace dirigeait les examens pour l'école d'artillerie qu'avait choisie Drouot. Antoine se reposait dans la campagne, il prenait dans une large besace de grosse toile les modestes provisions préparées par sa mère. Ses repas étaient toujours précédés et suivis d'une prière; aux camps, à la table de l'empereur, on ne l'a pas vu omettre une seule fois cet hommage dû à Dieu pour tous ses bienfaits.

Arrivant à Châlons, sans songer à se remettre du voyage, sans revêtir d'autres habits que ceux de l'ouvrier, Drouot entrait résolûment mais modestement dans la salle encombrée de curieux, où trois cents candidats la plupart richement vêtus et en uniforme, subissaient les épreuves.

« — Que voulez-vous, mon petit ami? lui dit avec bonté M. de Laplace.

« N'osant élever la voix Antoine s'avança vers l'estrade (1), déposa son bâton de voyage et sa besace sur une marche et s'approcha des examinateurs.

« — Vous voulez donc subir l'examen? dit à haute voix M. de Laplace.

« Un immense éclat de rire retentit dans l'enceinte. Tout tremblant, le pauvre Antoine alla prendre place sur le banc le plus éloigné. Les regards moqueurs des jeunes gens l'y suivirent.

« — Quel est votre nom, mon ami?

« — Je me nomme Antoine Drouot et je suis de Nancy.

« — Vous ne savez peut-être pas que la promotion est de cinquante-deux élèves, et qu'il y a quatre cents concurrents? — Antoine ne répondit rien, mais il resta.

« Vers cinq heures du soir vint son tour de subir l'examen. Il a souvent raconté depuis qu'en aucune bataille son cœur n'avait battu de telle force. Il ajoutait que, tout en se dirigeant vers le tableau, une courte mais fervente prière avait monté de son cœur à ses lèvres. »

« Dès les premières questions, Laplace reconnaît une fermeté d'esprit qui le surprend. Il pousse l'examen au delà de ses limites, il va jusqu'à l'entrée du calcul infinitésimal; les réponses sont toujours claires, précises, marquées au coin d'une intelligence qui sait et qui sent. Laplace est touché, il embrasse le jeune

---

(1) *Général Drouot*, par le général baron AMBERT.

homme et lui annonce qu'il est le premier de la promotion. L'école se lève tout entière, et accompagne en triomphe le fils du boulanger de Nancy. » Auprès de cette modeste ovation et la comparant à toutes les grandeurs humaines, Drouot disait dans sa vieillesse : « Ce fut un des plus beaux jours de ma vie. »

Envoyé comme lieutenant dans l'armée du Nord, qui avait à sauver Dunkerque assiégée par les Anglais et les Hollandais, Drouot commandait à Hondtschoote la 14º compagnie du 1ᵉʳ régiment d'artillerie. Deux fois l'armée française avait tenté vainement d'éloigner l'ennemi de la petite ville d'où il couvrait l'attaque, lorsque Drouot place si heureusement sa batterie dans une redoute, qu'il assure avec le mouvement de l'armée, le gain de la bataille.

Répondant à un officier qui ne crut pas possible alors de poursuivre les Anglais avec des soldats exténués, il osait déjà dire noblement :

« Des troupes victorieuses n'ont pas besoin de repos. »

Ferme, courageux, entreprenant, sévère pour le maintien de la plus exacte discipline, Drouot était d'une bonté paternelle pour ses soldats. Le dernier couché et le premier debout, il donnait partout l'exemple. « Sa bravoure était calme, froide, sans mise en scène et pour ainsi dire religieuse. A ses yeux, combattre était l'accomplissement d'un devoir sacré... Sa vie avait une teinte monacale. Il priait et travaillait à ciel ouvert. C'était un spectacle digne d'attention que celui de ce jeune capitaine de vingt-deux ans, dans le tourbillon de la guerre, menant une existence sévère qui ne lui coûtait ni calcul ni effort parce que ces choses lui étaient familières. »

Nous ne ferons pas le récit de toutes ses campagnes, il se trouva sur tous les champs de bataille. En 1796, chargé de mettre Bayonne en état de défense, il eut les yeux atteints par un canon dont la poudre s'enflamma et pendant deux mois il se crut aveuglé. Mais il avait une mission à remplir, d'autant plus grande qu'il songeait fort peu à ses propres intérêts. « Je ne désire, écrivait-il, que de servir avec utilité et d'acquérir quelque gloire au régiment. »

Après dix ans de service, et, certes c'était un service laborieux que celui de l'officier de 1796 à 1808, Drouot était major (lieutenant-colonel) et envoyé en Espagne.

Tous autour de lui subissaient, sans le savoir, l'influence de ce caractère ferme et élevé; on admirait sa science, son courage, la rare promptitude de sa décision. Mais le regard des hommes ne va guère au delà des surfaces; c'est pourquoi l'on a pu de tout temps citer les souverains, ou personnages haut placés, qui ont découvert *le caractère,* dans un génie modeste et inconnu.

Napoléon Ier avait ce don de reconnaître les caractères, il avait le don plus rare encore de les mettre en relief; après avoir mesuré l'homme il ne craignait pas d'en être éclipsé! Il remarqua, en passant la revue des troupes destinées à la campagne d'Autriche, l'officier Drouot toujours à l'écart des honneurs et travaillant plus que les autres.

L'empereur examina en détail l'artillerie de la garde commandée par Drouot, poussa de questions le chef du premier corps, et le quitta sans dire un mot, mais sachant désormais sur qui l'on pouvait compter.

Aussi, lorsque sur le théâtre de Wagram, Napoléon eut un instant la crainte d'un échec, il pousse son cheval au galop et s'écrie: « Allons, Drouot, écrasez les masses ennemis. »

Drouot tire sa montre et répond avec calme : « Onze heures : nous avons encore le temps. » Puis il forme en ligne sur une demi-lieue de front une sorte de batterie gigantesque de deux cents pièces de canon, va de pièce en pièce donner les ordres, encourager les hommes et rectifier le tir, malgré une blessure qui le force à marcher dans un bandage ; le lendemain il était officier de la Légion d'honneur, récompense fort rare à cette époque ; le 15 mai 1810, Napoléon le nommait baron de l'Empire.

L'armée française était entrée en Russie, elle avait pénétré jusqu'au cœur même du grand empire ; mais alors l'empereur enivré de sa gloire, en était venu à mépriser la résistance du Saint-Siège à ses volontés sacrilèges ; sous le coup de l'excommunication il avait répondu : « Croyez-vous donc que les foudres du Pape feront tomber les armes des mains de mes soldats ? »

Le colosse fut atteint par le fléau même qu'il avait défié : la glace, la neige, le froid dans les plaines de la Moskovie firent littéralement tomber les armes des mains gelées et paralysées des soldats vainqueurs. « La Providence avait fait un signe à la nature, et le cœur de ces hommes, intrépides à l'encontre de toutes les fortunes, se voyait pris de faiblesse pour la première fois... Il fallait aux victorieux fugitifs de Moscou, une autre science et un autre courage que ceux du soldat ; il leur fallait la force morale, le courage de souffrir et d'espérer toujours... » Cette force Drouot la donna.

L'empereur se levait souvent la nuit pour tromper sa douloureuse inquiétude ; il parcourait même le camp, où sous un linceul de neige dormait et mourait une armée ! Une nuit au travers du brouillard glacé, il aperçut une faible lueur ! « Qui donc veille à cette heure après la terrible lutte du jour ? » se demanda Napoléon. Il interroge les sentinelles, il envoie un officier de service vers la tente où la lumière continue de briller.

« Sire, répond l'officier, c'est le colonel Drouot qui travaille et prie Dieu. »

Le lendemain (décembre 1812), Drouot combattit tout le jour sous les yeux de l'empereur, qui ne parut pas le remarquer ; mais peu après il était général et aide-de-camp du souverain.

« — Vous êtes énergique, Drouot, répondit l'empereur aux remerciements du général.

« — Sire, reprend le général, je ne crains ni la mort ni la pauvreté ; je ne crains que Dieu : voilà toute ma force. »

« Chaque matin, dit Lacordaire, comme s'il eût été sous le ciel de Naples, il ôtait son uniforme, ouvrait le col de sa chemise, appendait un miroir à l'affût d'un canon, se faisait la barbe et se lavait le visage devant toute sa troupe. Il n'y manqua pas un seul jour, à quelque degré douloureux que la température descendît. La Providence récompensa son dévouement. »

L'exemple du grand chrétien avait tellement soutenu le courage des troupes, que son régiment fut le seul qui revint en France presque entier et sans malades.

« Dieu a ses ouvriers pour toutes les œuvres. Drouot fut l'ouvrier des bons exemples... La trace de ses pas ne s'est point effacée. Quoiqu'il vécût au milieu du fracas de l'artillerie, il aimait le silence ; il aimait aussi l'obscurité, quoiqu'il fût placé sur un théâtre largement éclairé. Il se retirait à l'écart pour lire... il priait sans le montrer... mais tout indulgent qu'il fût, il ne souffrait jamais une attaque contre la religion. A quatre heures du matin, hiver comme été, il se levait et priait, puis il se mettait au travail. Il déjeunait à six heures, d'un morceau de pain de munition et reprenait le travail (1) ».

---

(1) *Le général Drouot*, par le général AMBERT.

LE GÉNÉRAL DROUOT.

« Drouot fut l'ouvrier des bons exemples. »

Aimant ses soldats, il en était respecté et aimé ; aussi jaloux de leur bien-être que de leur bonne conduite, il allait jusqu'à économiser pour eux sur la *masse noire,* de quoi envoyer en leur nom et comme récompense de leur bonne conduite, un soulagement aux familles pauvres ou éprouvées.

L'empereur qui avait surnommé Drouot le *Sage de la Grande-Armée*, voyait croître le dévouement de ce noble cœur, à mesure que décroissait sa propre fortune. « Drouot aimait l'empereur avec une passion toute chevaleresque... » Il resta fidèle à son maître et le suivit à l'île d'Elbe, refusant la fortune par laquelle Napoléon voulait lui assurer du pain dans ses vieux jours.

L'empereur qui connaissait la franchise du général, s'abstint de lui communiquer son projet, et la veille seulement du retour en France, il avertit Drouot. « Je n'ai point été aveuglé par les illusions, disait celui-ci après Waterloo ; mais abandonner le souverain auquel j'avais promis fidélité, me paraissait une lâcheté. »

« Quelques-uns trouveront peut-être, ajouta-t-il en soutenant sa cause devant le tribunal appelé à juger sa conduite, quelques-uns trouveront peut-être, que j'ai mal apprécié ma position, que je me suis exagéré les obligations qu'elle m'imposait ; mais j'ai suivi la ligne que j'ai crue tracée par l'honneur. »

Le lendemain du jour où Drouot était acquitté, Louis XVIII le fit appeler ; et après avoir loué son attachement pour Napoléon, il ajouta qu'avec un tel soldat on pouvait se tenir certain de la plus noble fidélité.

Nous avons vu Drouot enfant, employer ses veilles au travail et à la lecture ; vieillard infirme, bientôt privé de la vue, il écoutait la lecture et dictait ses notes. « Sous la tente du soldat, comme dans l'orgueil des palais, Drouot fut publiquement *un chrétien.* Il lisait la Bible appuyé sur un canon, il la lisait aux Tuileries. Cette lecture fortifiait son âme contre les dangers de la guerre et contre les faiblesses des Cours... Descendant de cheval à côté des artilleurs, il leur enseignait la manœuvre à travers une grêle de boulets qui pleuvaient tout autour de l'héroïque leçon... après s'être montré l'enfant du Dieu des batailles, il se montrait l'enfant du Dieu de la vérité.

« Car ne vous persuadez pas que la foi du général Drouot, fût une foi qui ne s'élevât point jusqu'aux pratiques vulgaires de la religion. Il croyait tout, il accomplissait tout... Il communiait plusieurs fois dans l'année, et l'on ne saurait dire avec quel respect militaire et filial, il recevait dans sa solitude, le Dieu qui avait réjoui sa jeunesse et qui répandait sur la fin de ses jours une inénarrable consolation.

« La prière jaillissait de son cœur avec une onction dont le secret a été plus d'une fois surpris. Un jeune artiste introduit furtivement dans sa chambre pour recueillir ses traits, vit l'illustre aveugle, qui se croyait seul avec Dieu, lever à plusieurs reprises ses mains vers le ciel, dans un épanchement religieux attesté sur sa noble figure par l'illumination d'une pure et divine joie.

« Aussi, à la mort *du Sage,* le peuple ne s'est point trompé, il est venu vénérer bien moins le héros que le chrétien, bien moins la vertu qui donne la gloire du monde que la vertu qui révèle et qui donne la gloire de Dieu.

« O mon Dieu ! Dieu de Charlemagne et de Godefroy de Bouillon, Dieu des grands capitaines qui ont fondé ou défendu l'Europe, s'écrie Lacordaire en terminant l'oraison funèbre du général Drouot, nous vous remercions d'avoir montré à notre âge et surtout à la France, un exemplaire incontesté de l'homme, du soldat et du citoyen, tels qu'ils se forment sous l'inspiration de votre grâce et dans l'imitation de votre Fils! Nous acceptons ce gage de vos desseins sur nous; nous y saluons moins une relique qu'un avant-coureur de vos dons, et une certitude de vous voir jusqu'aux derniers jours du monde fécond et admirable dans vos serviteurs.

CHAPITRE XIII

Défendus par les ennemis

I

L'OFFICIER

Après la lecture délicieuse que vous nous avez faite, j'oserais à peine prendre part à votre conversation de famille, si je n'avais, dans mes garnisons, recueilli des témoignages curieux, et j'y songe bien souvent. On se dit en manière d'excuse dans les loisirs de la caserne : « Que faire en un gîte à moins que l'on ne songe ? » Moi aussi, je songeais ; mais au lieu de rêver creux, ou de penser à mal, je me suis amusé à rassembler dans les livres que je trouvais là (et ils ne sont pas tous la Vie des saints, je vous en réponds), ce que les incrédules, la plupart nos ennemis, ont écrit de bien de nous !

LE GRAND-PÈRE

C'est là un bon exemple ; jeunes gens, imitez ce brave officier ; ne trouvant pas de bons livres, il cherche le bien dans les mauvais, comme l'abeille compose son miel du suc des fleurs vénéneuses. *SE SAUVE QUI VEUT,* croyez-moi ! Ah ! puissiez-vous le *vouloir* !

L'OFFICIER

Le premier passage que j'ai copié est tiré de l'histoire de la Révolution :

Robespierre, dans la mémorable séance du 18 floréal an II, décréta l'existence de l'*Être Suprême et de l'immortalité de l'âme*, et cela, « dans l'intérêt de l'humanité et pour le bien de la patrie. » « Ranimez, dit-il, exaltez tous les sentiments généreux et toutes les grandes idées morales qu'on a voulu éteindre. »

Puis, dans une série de foudroyantes apostrophes, cet esprit dévoyé, mais éclairé à cette heure des lumières de la raison et voulant se donner de l'autorité, s'écriait en s'adressant à l'athée :

« Qui donc t'a donné la mission d'annoncer que la divinité n'existe pas, à toi qui te passionnes pour cette doctrine aride, et qui ne te passionnes jamais pour la patrie ?

« Quel avantage trouves-tu à persuader à l'homme qu'une force aveugle préside à ses destinées et frappe au hasard le crime et la vertu ? que son âme n'est qu'un souffle léger qui s'éteint aux portes du tombeau ?

« L'idée de son néant lui inspirera-t-elle des sentiments plus purs et plus élevés que celle de son immortalité ? Lui inspirera-t-elle plus de respect pour ses semblables et pour lui-même, plus de dévouement pour la patrie ?

« Vous qui regrettez un ami vertueux, vous aimez à penser que la plus belle partie de lui-même a échappé au trépas !

« Vous qui pleurez sur le cercueil d'un fils ou d'une épouse, êtes-vous consolé par celui qui vous dit qu'il ne reste plus d'eux qu'une vile poussière ?

« Malheureux qui expirez sous les coups d'un assassin, votre dernier soupir est un appel à la justice éternelle !

« L'innocence sur l'échafaud fait pâlir le tyran sur son char de triomphe : aurait-elle cet ascendant si le tombeau égalait l'oppresseur et l'opprimé ?

« Malheureux sophiste ! de quel droit viens-tu arracher à l'innocence le sceptre de la raison, pour le mettre dans les mains du crime ; jeter un voile funèbre sur la nature, désespérer le malheur, réjouir le vice, attrister la vertu, dégrader l'humanité ! Oh ! si l'existence de Dieu, si l'immortalité de l'âme n'étaient que des songes, elles seraient encore la plus belle de toutes les conceptions de l'esprit humain... »

Quel aveu dans une telle bouche !

« Il y a deux sortes de gens, dit Montesquieu dans l'*Esprit des lois*, qui parlent sans cesse de religion : l'homme pieux et l'athée. L'un parle de ce qu'il aime, l'autre de ce qu'il craint. »

Rien de plus vrai ; aussi, dès que nous écoutons les savants incrédules, soyons sûrs qu'il mêleront à tout propos le nom de Dieu à leurs œuvres.

Victor Hugo, qui a terminé si tristement son existence, avait écrit :

« Jésus-Christ est partout présent : on l'aime et on le hait, parce qu'on le craint ; on le défend ou on l'attaque, on l'appelle ou on le repousse... C'est donc pourtant qu'on y croit ! Dites que vous êtes athées ou incrédules, à la bonne heure, mais n'essayez pas de le faire croire : Quelle serait votre folie de haïr, d'attaquer, de repousser, d'insulter un être qui n'existerait pas, ou qui n'existerait *plus* !

« Si la société religieuse fondée par cet homme obscur, mort depuis dix-neuf siècles et qui remplit le monde, a le privilège de vos colères et de vos persécutions, c'est que sa puissance vous effraie ; c'est que le Dieu crucifié qu'elle prêche et qu'elle adore, est le *Dieu vivant qui jugera tous les hommes*. En vain, vous niez en blasphémant ; encore une fois on ne hait que ce qui existe, on ne persécute que ce qui gêne ; et, puisque vous vous faites gloire de maudire et d'insulter, c'est donc que vous croyez !... »

Ailleurs, il dit : « Il y a, nous le savons, une philosophie qui nie Dieu ! Il y a aussi une philosophie qui nie le soleil ; celle-là s'appelle *cécité*. Mais ériger un sens qui vous manque en source de vérité, c'est vraiment un aplomb d'aveugle ! »

Ecoutez maintenant deux grands philosophes païens, rendre eux-mêmes témoignage que la religion *seule* rend les peuples forts et heureux :

« La religion, a dit Polybe, a été la plus grande cause de la grandeur des Romains. » Une corporation sacerdotale était attachée à chacune des légions romaines ; elle se composait de *victimaires*, qui offraient les sacrifices, et d'*augures*, qui cherchaient à reconnaître la volonté des dieux. Avant le combat, le général présentait lui-même le sacrifice, et les chefs de légions devaient s'unir aux prêtres. Après la bataille, le premier devoir était de remercier les dieux de la victoire, ou d'apaiser leur colère s'ils avaient permis la défaite. Sans doute, ces vaines formules, ces sacrifices souvent cruels étaient autant d'erreurs, et l'encens sacrilège se trouvait offert au démon en même temps qu'aux idoles, mais le sentiment naturel et profond qui se rencontre chez tous les peuples, d'autant plus puissants qu'ils ont été plus religieux, atteste que « la religion est le fondement de toute société ».

« Si vous parcourez la terre, écrit Plutarque, vous trouverez des villes sans murs, sans lettres, sans lois, sans palais, sans richesses, sans monnaies, qui ne connaissent ni les gymnases, ni les théâtres. Quant à une ville qui n'ait point de temple et point de dieux, qui ne fasse point usage de prières et de serments..., qui n'offre point de sacrifices pour obtenir les biens du ciel ou détourner les maux dont on est menacé, c'est ce que personne n'a jamais vu. »

— Et dans les œuvres de l'incrédule par essence, de l'impie Voltaire, qui a sali de sa bave impure tout ce qui est noble et saint, depuis Dieu jusqu'à Jeanne d'Arc, libératrice de la France, j'ai trouvé ce passage écrasant, témoin de son impiété voulue :

« Vouloir avoir raison contre tout le monde, c'est ne pas avoir de *sens commun*.

> Tout annonce d'un Dieu l'éternelle existence ;
> On ne peut le comprendre, on ne peut l'ignorer ;
> La voix de l'univers annonce sa présence,
> Et la voix de nos cœurs dit qu'il faut l'adorer.
>
> Voltaire.

Qu'ils sont à plaindre ceux qui ont tellement corrompu leur cœur (car c'est de là que vient toute incrédulité) qu'ils ne peuvent plus ressaisir la vérité.

L'académicien Viennet disait un jour à Benjamin Constant : « Je suis malheureux *parce que* je ne crois à rien ! » — « Ah ! répondait le pauvre député, je ne crois à rien non plus et *c'est un supplice !* »

Voilà ce que souffrent ici-bas les incrédules qui se croient savants ; mais que sera leur supplice éternel, lorsqu'après avoir reconnu la vérité qu'ils n'ont pas voulu croire, ils en seront privés pour jamais ? »

Plus heureux sont les vrais savants, dont il y a beaucoup encore heureusement.

Personne n'ignore que l'illustre astronome Le Verrier, dans ses observations et ses calculs sur la marche des astres, en vint à découvrir la planète Neptune. Le monde lettré se réjouit d'une telle découverte. Il fut complimenté chaleureusement entre les autres, par un évêque qui lui disait : « Mon ami, votre gloire montera jusqu'aux astres. » — « Monseigneur, répondit le fervent chrétien, j'espère bien la porter plus haut encore. »

Il disait vrai ! Que sont les gloires les plus brillantes près de la gloire du ciel, que lui promettaient sa belle vie et ses grands travaux ?

L'académicien Pasteur, aussi chrétien que bon et savant, a proclamé hautenent le nom de Dieu, dans son discours de réception à l'Académie, en prononçant ces belles paroles :

« La notion de l'infini s'impose à tous, et personne ne peut y échapper. Par elle, le surnaturel est au fond de tous les cœurs ; l'idée de Dieu est une forme de l'infini... et cette idée nous la portons en nous... C'est ce que nous exprimons par ce beau mot de notre langue que nous ont légué les Grecs, par le mot *enthousiasme : En Théos, un Dieu intérieur.* »

« La conception scientifique du monde implique la notion primordiale de l'infini. »

II

Il y a pourtant des soldats qui trouvent plus aisé de vivre sans penser à rien, et ils ne voient pas que ce n'est pas digne d'un *homme !* mais bien peu sont assez mauvais pour mourir loin de Dieu. Après avoir été généreux en cette vie, quel malheur d'en voir qui perdent encore leur âme !

Je veux vous lire dans les *Annales d'Orléans* la mort d'un vieux retardataire, soldat du Premier Empire... Il n'était pas *ennemi,* et il nous a rejoints sous le drapeau du Christ :

« J'étais attaché au clergé de Saint-Roch, écrit Mgr Dupanloup : c'était en 1836. J'avais fait longtemps le catéchisme aux enfants, et non seulement le catéchisme ordinaire, mais ce que nous appelions et ce qu'on appelle encore les catéchismes de persévérance, auxquels les jeunes gens et les jeunes personnes continuaient à venir jusqu'au moment de leur mariage. Je fus donc un jour appelé à bénir le mariage d'une de ces jeunes personnes, très pieuse, et qui avait suivi assidûment nos catéchismes de persévérance jusqu'à l'heure de ce grand engagement. Elle épousait d'ailleurs un jeune homme fort chrétien ; en sorte que c'était un de ces mariages qu'on peut bénir avec consolation et espérance.

« On fait ordinairement, dans ces sortes de cérémonies, un petit discours ; je fis ce discours d'usage ; et je me souviens encore que, pendant que je le faisais, j'eus une distraction : celui qui me la donnait était un grand homme de six pieds au moins, qui était resté seul là debout, tout le monde étant assis, me regardant très fixement, et cela, comme il était le premier témoin, à trois pas de moi. Cette proximité, cette haute taille, cet air original, ce regard fixé sur moi de si près, avaient, vous le comprenez sans peine, appelé un moment mon attention ; puis je m'étais dérobé à cette impression. La cérémonie achevée, je me retirai, les mariés aussi, et je pensais que tout était fini ; pas du tout.

« Le lendemain, à cinq heures du matin, on sonnait à ma porte ; c'était le marié lui-même qui venait me chercher précipitamment pour un malade en danger de mort ;

ce malade, c'était son oncle, ce grand homme qui, la veille, m'avait si singulièrement distrait. Très âgé (il avait soixante-quinze ans), le froid l'avait saisi à la cérémonie même, et on craignait pour ses jours. Je sortis sur-le-champ, et, chemin faisant pour me renseigner, je fis quelques questions au jeune homme qui m'était venu chercher. Monsieur votre oncle est-il un bon chrétien ? — C'était un bien bon homme, mais nous craignons bien qu'il ait fort négligé ses devoirs de religion. — Est-ce qu'il a quelque idée de la gravité de son état? — Oui, il ne se fait pas d'illusion. — Est-ce que c'est lui qui désire me voir ? — Oui. Quand nous l'avons vu frappé, nous lui avons demandé s'il ne verrait pas volontiers venir un prêtre. Il ne s'y est pas refusé. Mais lequel ? Il n'en connaissait pas ; alors, dans un langage un peu à lui : « Celui que j'ai entendu hier ; il m'a plu, il fera bien mon affaire. »

« J'arrivai donc rue Croix-des-Petits-Champs, dans un hôtel garni ; car venu de la province pour assister au mariage de son neveu, il s'était logé à l'hôtel — je ne passe jamais dans cette rue sans regarder cet hôtel avec émotion ; — j'entre, on me laisse seul avec lui. Je vis là le malade, ce pauvre vieillard, étendu tout de son long dans un lit et mourant. Je m'approche de lui, et lui aussitôt me tend la main sans hésitation, simplement, avec quelque chose de loyal et de très net : « Je vais mourir, me dit-il, et je voudrais faire ce qu'on fait en pareil cas. J'ai soixante-quatorze ans ; il y a soixante-deux ans que je ne me suis confessé. Je suis un vieux militaire. Que voulez-vous ! Je me suis engagé à quatorze ans ; j'ai fait toutes les guerres de la Révolution et de l'Empire. Je n'ai jamais pensé à Dieu ; mais je ne sais pourquoi j'éprouve le besoin de ne pas sortir de ce monde sans m'être réconcilié avec Dieu, comme si je l'avais connu. » Touché de sa franchise et de son accent extraordinairement sincère : « Eh bien ! lui dis-je, je vous aiderai et Dieu nous aidera ; les choses sont faciles avec des hommes comme vous. » Quand j'eus achevé, à l'aide de questions, sa confession : Maintenant, lui dis-je, je vais vous donner une pénitence. — « Une pénitence ! dit-il en me regardant fixement, qu'est-ce que c'est que cela ? Je n'en ai pas l'idée. » Ainsi, en fait, il n'avait pas la première idée ni de la religion, ni du sacrement de pénitence, ni de tout le reste... Je lui expliquai ce que c'était qu'une pénitence et je lui dis : Vous souffrez, offrez vos souffrances au bon Dieu, cela me permettra de vous donner une pénitence facile ; vous direz tout simplement *Notre Père* et *Je vous salue, Marie.* Il me regarda alors du fond de son lit, car, tout affaibli qu'il était par l'âge et la maladie, il avait encore une énergie extraordinaire dans le regard, et me dit : « *Notre Père... Je vous salue, Marie...* qu'est-ce que cela veut dire ? Je n'en ai jamais entendu parler. »

« Il en était là, ce malheureux homme ; il était arrivé à soixante-quatorze ans, et il avait tout oublié, jusqu'à ces prières que l'enfance même sait bégayer !... La religion était entièrement effacée de cette âme ! Il ne restait rien, rien !... Je jetai un regard vers le ciel, et reprenant courage, je sentis qu'il fallait un miracle, et tout lui révéler en un instant. Vous avez dû savoir cela, lui dis-je ; ce sont des prières, les plus belles de la religion ; je vais vous aider un moment ; je les réciterai moi-même, vous les réciterez avec moi, et nous retrouverons tout cela. Et, me mettant à genoux au pied du lit et tenant sa main dans mes mains, je commençai. Il me laissa dire les deux ou trois premières invocations du *Pater;* puis, quand je fus arrivé à ces paroles : *Pardonnez-nous nos offenses, comme nous pardonnons à ceux qui nous ont offensés...,* tout à coup, me serrant la main, et comme se réveillant d'un long sommeil : « Oh ! oui, dit-il, je me souviens de cela... oui, je crois que, quand j'étais enfant, ma mère m'apprenait quelque chose comme cela... voulez-vous recommencer? »

« Je recommence, et alors, tout à coup, du fond de son âme, du fond de ses entrailles et de sa vie la plus éloignée, à travers ses soixante-quatorze ans, à travers ces batailles et toutes ces guerres qui avaient passé sur cette vie et tout effacé de son âme, voilà que revient vivant à ce vieillard le souvenir de sa mère et des prières qu'elle lui avait apprises quand il était tout petit enfant, et voilà que, de lui-même, il se met à en retrouver une à une toutes les paroles : je les vis sortir de son âme, comme si tout cela y était enfoui et reparaissait tout à coup à la lumière. Il s'interrompait à chaque verset : « Oh ! disait-il, oui, je me souviens... *Notre Père qui êtes aux cieux...* c'est bien cela... *que votre nom soit sanctifié...* c'est bien cela encore, je m'en souviens... *que votre règne arrive...* oui, je me souviens d'avoir récité tout cela. Oh ! comme c'est beau cette prière ! Et, arrivé à ces mots : *Pardonnez-nous nos offenses* : « C'est surtout cela, disait-il, dont je me souviens ; c'est ce qui m'a rappelé tout le reste ; ma mère me faisait dire cela quand j'avais commis quelque faute... » Et il acheva ainsi toute la prière. Et puis, il me demanda de la répéter avec moi, et il ne se lassait pas de la redire. Et quand il eut fini : — Mais il y en a une autre, me dit-il. Eh ! oui, je me souviens que ma mère me disait qu'il y a une Sainte Vierge... Attendez... je vais retrouver cette prière... Dites-la-moi, je la reconnaîtrai... » Et dès les premiers mots : « Oh ! oui, c'est cela.... *Je vous salue, Marie...* » Et il me prévenait : « *Pleine de grâce, le Seigneur est avec vous...* » Toutes les paroles lui revenaient, et tout cela renaissait comme miraculeusement dans son âme ; et enfin, aux dernières paroles, il se mit à fondre en pleurs : « *Sainte Marie, mère de Dieu, priez pour nous, pauvres pécheurs, maintenant et à l'heure de notre mort.* »

« Voilà ce qu'avaient été pour ce vieillard ces prières, qu'une pieuse mère lui avait apprises dans son enfance ; germes précieux déposés dans son âme et longtemps enfouis ; mais enfin, ils étaient là, et, au moment suprême, sous un rayon favorable de la grâce de Dieu, ils éclataient et devenaient la lumière de sa dernière heure et de son éternité. Il ne pouvait se lasser de dire ces prières, de les répéter sans cesse... Le voyant fatigué, je le quittai, promettant de le revoir bientôt, dès qu'il serait reposé. Je revins bientôt effectivement, car je désirais extrêmement lui donner la sainte communion. Il communia dans les sentiments de la piété la plus vive ; tout lui avait été révélé avec ces deux prières ; je n'avais plus rien à lui apprendre.

« Je lui avais laissé un petit crucifix, lui disant qu'il n'y en avait peut-être pas dans son hôtel, et il m'avait répondu en souriant qu'en effet il n'y en avait pas souvent dans les auberges. Je l'avais vu saisir et presser de ses mains défaillantes, contre ses lèvres et contre son cœur, ce petit crucifix. Je revins le lendemain à cinq heures du matin. Je demandai de ses nouvelles ; son neveu et sa nièce me dirent qu'il avait extrêmement souffert toute la nuit. Je m'approchai de lui, eux restèrent à quelques pas. Je lui demandai comment il allait : « Mais cela va très bien, dit-il. — Pourtant, repris-je, on m'a dit que vous aviez beaucoup souffert cette nuit. — Il me répondit : Ils vous ont dit cela... » Et alors, tirant de dessous ses draps sa main décharnée et me montrant le petit crucifix que je lui avais donné et qu'il n'avait pas quitté : « Voilà, dit-il, celui qui me consolait ; j'ai redit toute la nuit *Notre Père,* et *Je vous salue, Marie* ; c'est ce qui fait que je n'ai pas souffert. »

Et quelques lignes plus bas, Mgr l'évêque d'Orléans, achevant ce récit, s'écrie : — « Pour moi, je n'ai jamais vu entrer dans la vie éternelle plus admirablement. »

Oh! espérez donc, aimez et priez, quelque loin que vous soyez de Dieu ; priez Marie, elle vous sauvera !

DEUXIÈME PARTIE

SOUVENIRS

CHAPITRE PREMIER

En bonne Compagnie.

Croyez bien, mes amis, que les chrétiens sont partout en bonne compagnie. C'est pour prouver cette vérité que j'ai dans mes loisirs de garnison, écrit quelques faits intéressants pour les jeunes soldats.

Je serais heureux que ces simples récits pussent charmer vos réunions du soir.

J'entends prouver par l'exemple des *enfants*, des *camarades* et des *chefs,* que les soldats chrétiens sont partout *en bonne compagnie !*

LES ENFANTS

Les Romains n'avaient qu'un mot pour signifier la *force* et la *vertu ;* ce mot est *virtus.* — Sans force, pas de vertu ; sans vertu, pas de réelle bravoure, pas de constance ; car, dit le maréchal Marmont : « Tout homme peut être héroïque pendant vingt-quatre heures, mais c'est la suite de sa vie qui montre ce qu'il vaut. »

« En Allemagne, quand il s'agit de nommer un jeune

homme, à peine sorti des écoles, au premier échelon des grades dans l'armée, le général-inspecteur envoie une liste de questions par écrit aux officiers chargés des cadets. La première est celle-ci : « Se lève-t-il exactement à l'heure tous les jours ? » — Les Allemands savent que se rendre maître de son corps, c'est pour l'homme commencer à l'être de soi.

« Ce ne sont pas les connaissances qu'il a acquises qui donnent ordinairement en guerre une plus grande valeur à l'officier instruit ; ce qui lui sert, c'est qu'il ait pris, en étudiant, l'habitude de penser par lui-même, de juger clairement et d'appliquer à chaque sujet la force de son esprit, contrairement à ceux qui affaiblissent eux-mêmes leur force intellectuelle en flânant dans les cafés et en reculant devant tout effort d'esprit.

« Le sang-froid, la présence d'esprit, toutes les qualités qui sont comme la résultante des efforts qu'exige la possession de soi-même, naissent et se développent en l'homme en proportion du nombre de victoires qu'il remporte sur lui (1). »

C'est donc au berceau que l'enfant se forme au patriotisme, c'est sur les genoux de sa mère qu'il apprend à aimer Dieu et la France ; mieux encore, c'est du sang généreux qui coule dans ses veines, que jaillira la source intarissable du vrai dévouement. Cela est si vrai que les athées, qui sont toujours et *au même degré* ennemis de Dieu et de l'armée, s'attaquent à l'enfance pour tarir dans les familles les sources salutaires de la grâce, et la sainteté du foyer domestique.

Cela est si vrai encore, que les héros se trouvent particulièrement et dès le plus bas-âge, dans les enfants des provinces chrétiennes de l'ouest ou de l'Alsace.

---

(1) *France*, R. P. DU LAC.

« Je serais fier d'être Vendéen », a dit Napoléon encore premier consul.

Pendant la guerre contre les persécuteurs de la religion, les Vendéens se montrèrent héroïques.; ils ont en général la discrétion courageuse et intelligente naturelle à l'habitant du Bocage. — Un gars d'une dizaine d'années portait des provisions à un prêtre caché ; il rencontre des bleus :

« — Où vas-tu ? lui crie le chef de la bande.

L'enfant a peur et reste muet.

« — Pas de mensonge, petit brigand, réponds, ou tu es mort !

« — N'y a pas de danger qu'on mente, répond l'enfant en se redressant avec fierté.

« — Où vas-tu encore une fois ? et vite.

« — J'vas où j'ai à faire, et v'là tout !

Saisi alors par les soldats, frappé et menacé, l'enfant se débat de son mieux ; puis se voyant trop faible, il reprend avec force en faisant le signe de la croix : « Tuez-moi si vous voulez, mais par Madame Sainte Marie, je vous dis que je ne dirai plus un mot !

« — Ah ! petit singe de brigand, tu vas voir ! »

Et les baïonnettes se croisent sur la poitrine du jeune héros terrassé, les *vaillants* qui maltraitent ainsi un enfant honnête, le piquent de leur pointe sans qu'il ouvre la bouche... Le chef, ému d'un tel courage, retient ses hommes et dit à l'enfant : « Allons, sauve-toi vite, mais qu'on ne t'y rattrape plus. »

Et le petit Vendéen se relève bravement ; sans daigner adresser une parole à ses bourreaux qui lui rendent la liberté, il poursuit son chemin et disparaît dans les genêts.

Mais la Vendée décimée, noyée dans le sang, dévastée, incendiée, continua la lutte au milieu de ses genêts et de ses bocages; elle ne consentit à poser les armes qu'après avoir dicté ses conditions à ceux qui se disaient vainqueurs; après qu'elle put arborer librement la croix au sommet de tous ses clochers et revoir ses prêtres fidèles. Le premier consul sentait que la paix n'était qu'à ce prix, et il inaugura dans ce petit mais noble pays du Bocage, le rétablissement de la religion en France. La Vendée avait emporté la balance, et pesé dans le plateau de l'irrésolution.

Plus près de nous, mille traits de vaillance morale pourraient intéresser le lecteur; mais il faut se borner. Toutefois, nous ne résisterons pas à reproduire en partie un charmant épisode de Paul Lante cité dans la *Gazette du Dimanche* (1), et intitulé :

L'AME DE LA PATRIE

Le 4 septembre 1881, dès le matin, les habitants du village de Saint-Ludwig-en-Roterbourg, sur les confins de l'Alsace et de la Lorraine, virent débarquer d'une poudreuse voiture, en assez piteux état, trois singuliers personnages, dont la vue eût excité l'hilarité de tous ceux qui assistaient à l'arrivée de ce lamentable équipage : aubergiste, marmitons, servantes et curieux, si ce jour-là n'était l'anniversaire du jour fatal qui prépara l'abandon de nos chères provinces, par conséquent jour de deuil, où l'on reprend le crêpe et le voile, où tous les yeux sont pleins de larmes, où personne, même les petits enfants, n'ose rire.

Ce village de Saint-Ludwig-en-Roterbourg, — le vrai nom est sur l'ancienne carte de France, — est célèbre

(1) Numéro du 28 septembre 1893.

par son église, ancienne collégiale de chanoines réguliers, du plus pur style gothique ; par sa forteresse, manoir des nobles barons de Châtelpierre, dont les sept derniers rejetons furent tués, les armes à la main, à Forbach, à Reischoffen, à Gravelotte, à Sarrebrück, à Sedan, sous Metz, à Patay ; enfin, par son école modèle, que dirigeaient récemment encore les admirables Frères que l'on décore du nom d'Ignorantins, et qui ont été chassés par les Prussiens pour cause de patriotisme, comme nous autres, en France, nous les chassons au nom de la liberté.

De ces trois personnages, le premier, coiffé du casque à pointe et vêtu de l'uniforme d'officier, se nommait Hunde-Kopf, et venait inspecter la forteresse. Il était vieux, laid, maigre, barbu et rouge.

Le second, coiffé d'une casquette jaune, vêtu d'une souquenille râpée, se nommait Kalb-Kopf, et venait inspecter les mœurs. Il était vieux, laid, glâbre, roux et petit.

Le troisième, coiffé d'un chapeau, vêtu d'une houppelande, se nommait Esels-Kopf, et venait inspecter l'école. Il était vieux, laid, gros, long et roux.

On les regarda sans rire, mais on se promit de rire le lendemain. En attendant, on ne daigna point s'occuper de leurs personnes, et chacun d'eux alla incontinent vaquer à ses affaires.

Ces trois hommes, également vieux, également laids, également roux, entendaient gagner leur argent en terre conquise. Le zèle est une vertu dont Talleyrand voulait qu'on n'abusât point.

Hunde-Kopf, avant d'inspecter la forteresse, voulut se lester la panse.

Il entra donc à l'auberge et commanda qu'on lui servît à manger : on apporta de la choucroute grasse, du jambon prussien, éperon à boire, et de la bière. La servante, accorte à l'ordinaire, montra quelque mauvaise grâce. L'officier fit aussitôt le croquemitaine : il dégaîna son grand sabre et posa la lame nue en travers de la table.

Lischen, sans s'effrayer, courut à l'écurie, et, rapportant une fourche de fer qu'elle allongea près du sabre :

— Avec un pareil couteau, monsieur l'officier, dit-elle, il vous faut une fourchette du même calibre.

Hunde-Kopf fit la grimace, gronda, sacra, se mit en rage ; mais il avait faim : il dévora choucroute et jambon, lampa sa bière, paya l'écot, rossa l'aubergiste, et prévint la blonde fillette qu'elle irait méditer au cachot sur les inconvénients multiples de l'esprit d'à-propos.

Kalb-Kopf, ayant allumé une pipe gigantesque, dont le fourneau de porcelaine peinte offrait, en un médaillon, l'image du prince de fer costumé en Dieu Mars, se rendit à l'église.

On l'y avait vu, naguère, prenant au collet le curé, vieillard de quatre-vingts ans, qu'il emmena en prison parce qu'il refusait de trahir son pays.

Kalb-Kopf revenait, se flattant que le même curé lui ferait les honneurs de son église, qu'il voulait décrire dans un ouvrage en soixante-dix-sept volumes *in-folio*, compendium à la gloire de l'Allemagne antique et moderne.

Le curé donna les clefs à un madré paysan, qui se promit de rançonner Kalb-Kopf.

Et, pour commencer, le trop savant archéologue ayant vu à l'entrée du sanctuaire, suspendue à une chaînette de fer, une souris d'argent, et demandé ce que cette souris faisait là, Nicklausse lui répondit :

— Il y a un siècle environ, nous eûmes dans le pays tant de souris, qu'on ne savait plus quoi faire pour s'en débarrasser. Elles avaient envahi les champs et les maisons ; à peine si l'on osait se coucher, car elles s'étaient nichées dans les paillasses, et, pendant que l'on dormait, elles venaient vous ronger le bout du nez et les oreilles ; c'était surtout sur les petits enfants couchés dans les berceaux qu'elles jetaient leur dévolu.

Tout à coup une idée traversa le cerveau du maître d'école.

Autrefois, les Israélites, se dit-il, trouvèrent dans le désert des multitudes de serpents dont la morsure causait immédiatement la mort. Que firent-ils pour en être délivrés ? Moïse fit faire un serpent de bronze et l'attacha à un arbre. Le bon Dieu aperçoit le serpent ; il lui plaît, et, de satisfaction, le Seigneur lui octroie la faculté de dévorer tous les autres serpents.

Le maître d'école, qui était versé dans la Bible, se dit :

Tiens, si le bon Dieu prit tant de plaisir à contempler un serpent de *bronze,* il se pourrait peut-être qu'il fût encore plus satisfait de voir une souris en *argent*.

Aussitôt, il communique son idée aux habitants. On fait une quête ; les plus pauvres se sont empressés pour apporter leur obole, et, en peu de temps, on ne tarda pas à amasser assez d'argent pour fondre une énorme souris en argent. On suspendit la bête au milieu de la chapelle, et, à partir de ce moment, on ne vit plus dans le pays la moindre souris.

— Quelle sotte plaisanterie, dit Kalb-Kopf avec une moue de dédain, et que vous êtes niais de croire à de si énormes bourdes ! Sachez que Dieu ne fait plus de miracles...

Nicklause l'interrompit d'un air goguenard :

— Oh ! dit-il, vous voyez bien, bien clairement, que nous sommes loin d'ajouter foi pleine et entière à cette légende, car si vraiment nous eussions cru qu'il suffisait de suspendre dans l'église l'image en métal précieux des animaux nuisibles ou malfaisants...

— Eh bien ? interrogea *mein herr* Kalb-Kopf, un peu inquiet.

— Eh bien! nous nous serions cotisés, et nous aurions pendu en face de la souris d'argent... un Prussien tout en or!

Kalb-Kopf laissa tomber sa pipe, qui se brisa.

Le paysan était déjà loin; mais le curé fut noté sur le carnet de l'inspecteur, qui se promit de lui faire payer une amende équivalant à cent souris en argent.

Esels-Kopf arrivait au seuil de l'école, lorsqu'il fut rejoint par Hunde-Kopf et Kalb-Kopf, plus vieux, plus laids, plus roux et plus sordides qu'ils ne l'avaient jamais été, ce qui n'est pas peu dire.

Et tous les trois, rajustant qui sa souquenille, qui sa houppelande, entrèrent dans la salle, où soixante petits garçons écoutaient la douce parole d'un Frère, tout jeune, au visage austère, mais bienveillant et gai, qui souriait en leur expliquant, au moyen d'une baguette frappant une grande carte coloriée, une leçon de géographie.

Le Frère descendit de sa chaire et vint au-devant des visiteurs. Il enseignait ainsi le respect de l'autorité. Son accueil fut poli, ni plus ni moins. Il avait bien le droit de n'aimer guère ces conquérants, qui venaient chez lui tête couverte, rogues, revêches, méprisants, et qui le saluèrent pour l'amour de Dieu.

Or, comme ils aimaient Dieu très peu, le salut fut raide et disgracieux.

Parmi les écoliers, Esels-Kopf avisa un gentil garçonnet aux blonds cheveux frisés, à l'œil bleu plein de malice, au sourire espiègle.

Cet enfant, placé au premier rang, et qui s'était, comme tous les autres, levé debout à l'entrée des trois étrangers,

« LA FRANCE !... ELLE EST LA !... »

était modestement vêtu, mais tous ses vêtements étaient noirs.

L'inspecteur flaira cette proie. Il informa le Frère qu'il entendait formellement interroger librement ses élèves.

Le Frère se fit exhiber la patente du sire. Puis il se mit à l'écart : il n'avait rien à objecter.

Alors, dans un grand silence, Kalb-Kopf s'approcha du petit garçon en deuil, et, d'un ton brutal, lui posa des questions auxquelles l'enfant répondit gentiment, sans néanmoins détourner son regard malin de la figure bouffie, rouge et lippue du pédant germanique.

— Comment te nommes-tu ?

— *Joseph Patriot*.

— Quel âge as-tu ?

— Douze ans.

— De quelle religion ?

— Catholique romain.

— Ton père ?

— Mort pour la patrie.

— Ah !... tu portes son deuil !

— Depuis dix ans. Mon père, mes deux oncles, mon aïeul étaient soldats.

— C'est bon. Je n'en demande pas tant. Que sais-tu ?

— Ce qu'on m'apprend.

— Hum !... Eh bien ! tu étudies la géographie ?

— Oui, monsieur.

— Tu sais, par exemple, quelles sont les principales nations de l'Europe ?

Voyons.

Le blond petit Alsacien reprit :

— Les principales nations de l'Europe sont : la France...

— La France ! hurla Esels-Kopf, cramoisi de colère.

— La France ! glapit Kalb-Kopf, blême de fureur.

— La France! vociféra Hunde-Kopf, livide de rage.

Et tous les trois, à l'unisson, rugissant, avec des gestes forcenés :

— La première nation du monde... la plus belle, la plus riche, la plus noble, la plus loyale, la plus glorieuse, la plus invincible, la plus illustre, c'est l'Allemagne !

L'enfant troublé, ahuri, pâle d'effroi, répétait machinalement :

La France... la France... la France...

— Et qu'est-ce que la France ? s'écria Hunde-Kopf : un pays ruiné, dévasté, conquis, vaincu !

Et Kalb-Kopf, solennellement :

— Une expression géographique !

Et Esels-Kopf, triomphant :

— Qu'est-ce que c'est que ça, la France ? Où est-ce ?... Petit malheureux, le sais-tu, seulement ?... Non, tu ne le sais pas... Tu es un imbécile !... Eh bien ! parleras-tu, âne ! Tu ne sais rien... Tu ne sais pas où est la France ! Où est-elle ?

Alors, *Joseph Patriot,* le petit Alsacien à la chevelure blonde, se redressa, ému d'une émotion indicible, les joues empourprées par une généreuse indignation, les yeux étincelants d'une mâle fierté.

Et comme tous ses petits camarades le regardaient, admirant sa ferme contenance, son visage illuminé, sa bouche aux lèvres pures, il fit un pas en avant.

Il écarta sa veste de futaine noire, et, frappant avec force sur sa poitrine, comme s'il eût voulu comprimer les battements de son cœur en révolte :

— *La France,* cria-t-il d'une voix sonore, vibrante, et qui retentit jusqu'au fond de la vaste salle... LA FRANCE... ELLE EST LA ! . . . .

CHAPITRE II

Les Camarades.

AU DANGER. — A LA MALADIE. — A LA MORT.

I

Il n'y a pas assez de temps pour écrire tout ce que j'apprends cet hiver (1854-1855) de nos braves camarades. Bien sot si j'allais perdre ma jeunesse à lire des bêtises, plutôt que de consigner dans mes souvenirs les actes sublimes que j'ai sous les yeux. C'est vrai : « La vie n'est pas assez longue pour lire les chefs-d'œuvres (j'ajoute pour étudier les actions valeureuses de l'armée française) et ce n'est pas la peine de toucher aux romans; car après tout ils ne sont que le rêve plus ou moins laid de l'imagination du voisin ! Pas si bête donc le soldat, que de lire ce qui a passé par le cerveau des camarades, au lieu de s'instruire des exemples de leurs vertus. »

Tous les peuples forts ont été sévères et courageux; les Spartiates, puis les Romains dans les beaux jours de leur grandeur. Un trait me frappe entre tous; c'est la réponse d'une femme de Lacédémone. Son fils allait combattre et se plaignait d'avoir une épée trop courte : « *Avance d'un pas !* » lui crie sa mère.

Il me semble que si du champ de bataille l'enfant avait pu se faire entendre et crier à sa mère : « *Je suis tourné par l'ennemi* », la noble femme n'aurait pas manqué de lui répondre : « *Tourne-toi !* »

Le général Ambert aussi courageux que le plus intrépide Spartiate, et de plus chrétien fidèle et dévoué, a écrit : « Le courage n'est pas une qualité, c'est une *vertu* et un don du Ciel. Un criminel peut être audacieux, téméraire, il ne saurait être courageux. Le vrai courage vient de Dieu ; et hors du devoir le courage ne saurait exister. » Il peut y avoir un instant d'exaltation, une exaltation orgueilleuse et fébrile, une forfanterie passagère, mais là n'est pas le courage. Le suicide par exemple est causé par le désespoir et par la faiblesse, c'est le courage qui fait défaut : le malheureux par peur, par lâcheté, par crainte de l'épreuve et de la lutte, déserte en quelque sorte le poste que Dieu lui assigne dans la vie et recule ! Honteuse désertion que celle-là ; car le suicide, loin de délivrer du malheur, jette sans espoir de retour dans les flammes vengeresses du feu éternel.

« Le respect légitime au contraire accordé au guerrier, est une magnifique tradition de l'antiquité, rajeunie, purifiée par le christianisme... le vulgaire ne voit qu'un préjugé dans ce grand fait... mais aux peuples civilisés, l'homme de l'armée apparaît surtout avec cette noble auréole de pauvreté, d'abnégation, d'obéissance passive, de courage, qui tranchent sur ce fond terne produit par les masses avides d'or et d'indépendance, et toutes vouées au culte de l'intérêt personnel.

« ... Le paysan transformé par la loi en soldat, est peut-être ce qu'il y a de plus beau, de plus grand, de plus digne d'admiration dans nos sociétés modernes. Pauvre, il protège la richesse ; ignorant, il protège la science. Au moindre signe, il traverse les mers et va mourir silencieux et résigné, sans connaître même les causes de la guerre.

« Ce soldat est l'expression la plus complète, la plus

noble, la plus pure, de la civilisation créée par le christianisme ; car il met en pratique la pensée chrétienne : le *Sacrifice*.

« Il abandonne pour la patrie la famille, la maison, le champ, la tombe de ses pères.

« Il laisse souvent sa vieille mère dans la misère, pour aller monter la garde aux portes du trésor public.

« Il était timide, et la loi le fait hardi.

« Il aimait le silence, et la loi le jette dans le tumulte.

« Il avait une fiancée, et la loi les sépare.

« Ses jours et ses nuits, son passé et son présent, son corps et ses facultés, ses biens, sa liberté, sa vie, il les donne à la société, qui dort en paix parce que cet homme veille ; à la société, qui s'enrichit parce que cet homme renonce à la richesse ; à la société, qui vit parce que cet homme meurt.

« Et n'est-ce donc pas là ce que notre sublime religion ordonne sous le nom de *sacrifice ?* »

II

« Le général Canrobert vient de mettre à l'ordre du jour un simple soldat, et cet héroïque enfant, *Davoine* sera encore décoré de la médaille militaire. Il se promenait dans la tranchée avec plusieurs camarades, lorsqu'un obus creux tombe au milieu du groupe, il va éclater... Davoine sans hésiter se dévoue pour ses compagnons, il saisit promptement le projectile et le jette au revers de la tranchée où il éclate sans blesser personne.

« J'éprouve un grand bonheur, écrivait le général de Sonis, alors commandant à Saïda, à voir croître dans l'armée cet arbre de la foi qui était si mince, si petit, à mes débuts dans la vie militaire. Mais voici qu'en nous aimant, qu'en nous serrant les uns contre les autres, nous commençons à former un faisceau dont il faut tenir compte. »

Après la bataille du 8 septembre 1855, qui nous livra définitivement Sébastopol, un capitaine écrivait à un de ses amis amputé du bras droit, une lettre sublime dont j'ai recueilli quelques passages... « Vous avez perdu un bel avenir terrestre ; mais Dieu a voulu vous faire oublier ces sortes d'intérêt, et en vous détachant des choses qui passent, vous rapprocher de lui et vous attacher plus particulièrement à ce qui est impérissable. C'est pourquoi vous élèverez vers lui vos yeux et votre cœur,... vos rêves d'avenir sont détruits, il vous reste les réalités éternelles, quel échange, mon cher ami !... Voilà ce que je me dis en regrettant votre éloignement de l'armée ; je me console de n'avoir plus un ami dans nos rangs, en songeant que cet ami est plus près de Dieu. C'est la bonne place, mon cher ami ; ne la quittez pas. Attachons-nous de plus en plus aux espérances éternelles... Je vous ai dit, pour soulager votre chagrin tout ce qui fortifie mon esprit. Puissent ma bonne volonté et mon affection vous faire du bien ! »

Un correspondant du journal le *Courrier des Alpes*, envoie une chanson qui lui a été donnée par un savoisien natif d'Annecy ; elle se chante en chœur chaque soir, écrit-il, dans les divers corps français.

Jeune soldat, parti de ta chaumière
Pour te ranger sous un noble drapeau,
Ah ! garde-toi d'oublier la prière
Que l'on t'apprit au sortir du berceau !
Enfant ! c'est là qu'on trouve du courage
Pour aborder les chances du combat !
Qui sait prier sait affronter l'orage
Un bon chrétien fut toujours bon soldat.

Rappelle-toi les conseils de ta mère,
Lorsqu'en pleurant elle te dit adieu ;
En ce moment sa douleur fut amère,
Mais tu promis d'être fidèle à Dieu !
Ce doux espoir fut pour elle un présage
Qui lui voila les dangers du combat.
   Qui sait prier, etc...

Porte toujours la médaille bénie
Qu'en te quittant elle mit sur ton cœur ;
Ce souvenir de la Vierge Marie
En tous les lieux te portera bonheur !
Plus d'un guerrier fidèle à cet usage,
Ne fut jamais frappé dans le combat.
   Qui sait prier, etc...

Que de héros dont la France s'honore,
Et qui du Ciel imploraient le secours ;
Bayard, Turenne et tant d'autres encore
Au Roi des rois s'adressaient tous les jours.
Nul vieux guerrier, faisant le grand voyage
Ne veut partir sans son certificat.
   Qui sait prier, etc...

Brave guerrier défenseur de la France,
Rappelle-toi que la Croix du Sauveur
Est pour tout homme un gage d'espérance,
Et c'est de là que vient la *Croix d'honneur !*
Que cette croix t'accompagne au village,
Après ton temps de service à l'Etat.
   Qui sait prier, etc...

Et quand de Dieu la trompette éclatante,
Auprès de lui sonnera le rappel,
Que cette Croix sur ta bouche expirante
Te serve encore à répondre à l'appel !
Que sur ta tombe elle soit le présage
Que l'Eternel a signé ton mandat.
Qui sait prier ne craint pas le passage.
Un bon chrétien fut toujours bon soldat !

Un autre *pays* d'un brave caporal, reçoit au village ces lignes touchantes dans leur rude simplicité : « Il faut que je te dise, à toi qui m'as souvent reproché de n'avoir pas plus de religion qu'un chien, que je porte une médaille de la Sainte Vierge. Cela te fera rire peut-être ; mais ici, vois-tu, il y a beaucoup de camarades qui ont fait comme moi, et qui ont bien changé depuis leur arrivée ; il se passe peu de jours que je ne fasse un tout petit bout de prière en me rappelant l'histoire de Gérard, le tueur de lions, que j'ai lue dans un livre l'année dernière. Voilà ce qu'il a dit, Jules Gérard : « Tant pis pour ceux qui ne croient pas ; moi je crois fermement, et je le dis tout haut, sans craindre de passer pour ridicule aux yeux des *imbéciles* qui jouent le rôle d'athées, et de l'opinion desquels je me soucie autant que de la poudre que je brûlais aux moineaux quand j'avais douze ans. »

« Eh bien ! moi, je pense comme l'empereur Napoléon et comme Gérard, qui n'est pas de la même compagnie et pense tout pareil cependant ! Adieu et vive la France ! »

Un lieutenant écrit de Sébastopol à son frère : « Je t'écrivais pour te faire mes adieux, à la veille d'une lutte terrible, dont je ne croyais pas revenir. Aujourd'hui je t'écris pour te dire que je suis sauvé... Je dois la vie à deux chasseurs. Je venais d'abattre un Russe qui tenait en joue un de mes hommes, lorsqu'un ennemi se précipitant, engagea avec moi corps à corps une lutte où je ne pouvais pas faire usage de mon sabre. Dans ce moment un autre Russe me tenait au bout de son fusil et allait me faire sauter la cervelle, quand un de mes soldats accourut à mon secours, tua d'un coup de baïonnette celui qui me tenait par le milieu du corps, releva le fusil de l'autre et l'étendit raide mort.

« Dans tout cela, vois-tu, mon cher, il y a de la Providence, et le diable, tout malin qu'il est, ne pourrait me faire croire le contraire. Au moment où je m'élançais sur les retranchements russes, je me suis rappelé la prière que je faisais étant tout petit à la Sainte Vierge, et je lui ai promis que si je sortais sain et sauf de cette boucherie, je ferais dire chaque mois à son autel une messe pour les soldats morts au combat du 8, la Notre-Dame de Septembre. Elle a entendu ma prière, je compte sur toi pour accomplir la parole que j'ai donnée. C'est une chose sacrée que cette promesse et je serais un infâme si j'y manquais. »

III

L'ennnemi le plus redoutable pour nos troupes, c'est l'épidémie, le choléra, parce qu'on ne peut ni l'éviter ni le combattre. Il emporte indistinctement malades et bien portants, jeunes et vieux, médecins et sœurs; le découragement était à craindre et les généraux, après avoir tenté mille moyens de relever le moral des troupes, se reconnaissaient impuissants. L'un d'eux va trouver l'abbé Parabère à l'ambulance; il confessait à ce moment-là même un cholérique qui rend le dernier soupir entre ses bras. Aussitôt les camarades s'éloignent témoignant une grande frayeur : « N'ayez donc pas peur, mes amis, s'écrie l'abbé Parabère; il n'y a pas de danger. » Puis il se couche près du mort, y reste plusieurs heures récitant ses prières et causant avec les soldats, jusqu'à ce qu'il fût appelé pour un autre malade. En présence d'un tel courage, aucun homme n'hésita plus à soigner les cholériques.

Le général Gardarens proclamait hautement en Crimée que « si notre armée a triomphé de l'hiver, de la contagion et des ennemis, c'est parce que ses vaillants soldats élèvent à l'envi vers le ciel leurs mains armées... C'est parce que la France et son armée sont chrétiennes, que Dieu nous protège visiblement. »

L'aumônier aime les soldats, sa maison est la caserne. Il parcourt souvent les chambrées, prête des livres, et le dimanche sa messe militaire est dite à l'intention des soldats. Les chœurs ne se composent que des voix de grenadiers et de cuirassiers, l'organiste est un hussard, l'orchestre est formé par les dragons, un voltigeur sert à l'autel. Par les nuits les plus pénibles ce prêtre ne quitte pas le bivouac.

Aux premiers bruits du fléau les sœurs de Charité accoururent près de nos soldats au Pirée, à Gallipoli, à Constantinople et à Varna. Le général Mayran en Grèce, avait expressément demandé ces religieuses, dès l'apparition de l'épidémie.

En les remerciant après le choléra, il écrit à la supérieure... « Nous vous avons fait appel et trois jours après vous étiez ici avec six de vos bonnes sœurs, nous prodiguant tous les soins, tout le dévouement qu'on est habitué à rencontrer dans les moindres membres de votre Communauté. Votre présence nous est venue grandement en aide pour rendre le courage à tout le monde. Grâces vous en soient rendues, ma très chère Sœur, je vous en exprime toute ma reconnaissance. »

« Varna possédait aussi des sœurs de charité sur cette terre musulmane ; dans ce pays où toute action vivifiante est frappée de stérilité par le monstrueux abaissement de la femme, notre société et notre religion envoyaient ce qu'elles ont à la fois de plus délicat et de plus fort.

« Le soldat a une profonde vénération pour les Sœurs

grises. Ceux qui ne les respectent pas aujourd'hui, à la triste époque où nous vivons, n'ont jamais fait campagne, excepté peut-être sur le trottoir d'une grande ville... Elles entourent le blessé de soins et de prévenances, remplaçant à son chevet la mère absente, et ont pour tous l'indulgence la plus large et l'impartialité la plus noble, la plus généreuse.

« ... Quant aux infirmiers, ces modestes auxiliaires des médecins, ils partagent tous leurs dangers et ont la même bravoure, héroïque et simple. Comme eux ils s'exposent parfois au feu de l'ennemi, et si on demande des volontaires pour faire partie d'une ambulance volante à détacher à un endroit dangereux, tous tiennent à honneur de se présenter. »

Le général Charles Vergé a écrit, à l'occasion de la prise du *Mamelon-Vert* devant Sébastopol, une intéressante lettre au journal l'*Univers;* nous en citerons quelques lignes :

« Le 7 juin (1855), j'attendais vers six heures du soir, dans le ravin de Karabelnaïa, l'ordre de monter avec ma brigade à l'assaut du Mamelon-Vert, quand le courrier de France me fut apporté... Ce passage de la lettre de madame Vergé attira singulièrement mon attention : « Voulez-vous me promettre de faire un vœu à la Sainte Vierge pour qu'elle continue à vous couvrir de son égide et vous rende à notre affection? » Je fis immédiatement vœu de proclamer hautement le dogme de l'Immaculée Conception, si je revenais sain et sauf de la bataille qui allait s'engager.

« Au même instant j'entendis la fusillade se rapprocher, et je reçus l'ordre de repousser les Russes qui s'avançaient sur nos parallèles. Je pris alors le pas de course, l'ennemi fut refoulé, le Mamelon-Vert repris, trente-deux bouches à feu restèrent en notre pouvoir, et pendant *trente-six heures* que je suis demeuré dans cette redoute ennemie, sous une pluie d'obus, de boulets, de bombes et de mitraille, qui a décimé officiers et soldats, je n'ai pas reçu la moindre blessure. »

La plupart des soldats qui s'étaient trouvés en relations avec le prêtre conservaient pour lui une véritable affection et envoyaient des lettres pleine d'une gaîté toute française dans ce style militaire inimitable.

« Monsieur l'abbé, écrit un soldat, j'ai reçu votre lettre, elle me rappelle de bien doux souvenirs, ces soirées heureuses consacrées à des chants en l'honneur de la Reine du ciel, et à la mémoire de ces braves héros chrétiens qui avaient déjà cueilli les lauriers. Pour mon compte, je m'occupe *chiquement* à grossir ma gerbe pour l'offrir à Dieu par la Sainte-Vierge Marie. En attendant, je lui chante souvent ce petit couplet qui fait la joie de mon cœur et met la paix dans mon âme :

> Je mets ma confiance
> Vierge, en votre secours ;
> Servez-moi de défense,
> Prenez soin de nos jours.
> Et quand ma dernière heure
> Viendra fixer mon sort,
> Obtenez que je meure
> De la plus sainte mort.

« Après ce couplet je place un *point final,* et je me bats l'œil de tout ce qui peut arriver... Une bonne conscience, un cœur français, l'honneur pour guide, avec cela on voit sans déplaisir la fumée de la poudre, le poli brillant de la lame du sabre et de la baïonnette ! »

A l'Alma près du général Canrobert, qui fut atteint en pleine poitrine par un éclat d'obus et dont le coup fut

L'abbé Parabère gravit sur le canon la pente de l'Alma.

amorti par la médaille de la Sainte Vierge, se tenait le P. Parabère, aumônier en chef de l'armée d'Orient, qui en comptait alors vingt-huit. Le cheval de l'aumônier fut tué aux premiers coups de canon. Canrobert se tournant vers lui : « Monsieur l'abbé, » dit-il, voilà un mal sans remède, car il n'y a plus une monture. Ainsi au revoir ! » Mais le P. Parabère veut suivre l'armée, il ne s'éloignera pas un instant du champ de bataille. Jetant avec anxiété les yeux autour de lui, il aperçoit une pièce montée sur ses affûts et dirigée vers le plateau de l'Alma ; il s'élance à califourchon et gravit la montagne sur le canon sans s'inquiéter de la mitraille. De là il se mêle aux combattants, et ne cesse de relever ceux qui tombent, de panser les blessés, d'absoudre ceux qui meurent.

Nous retrouvons l'abbé Parabère au chevet du maréchal Saint-Arnauld dont l'Alma fut la dernière victoire. Embarqué presque mourant sur le *Berthollet* qui devait le ramener en France, Saint-Arnauld voulut se confesser et recevoir l'Extrême-Onction avant la traversée où il devait mourir ; puis oublieux de son propre repos pour ne penser qu'aux soldats, le maréchal priait instamment l'aumônier de retourner au camp et de le laisser entre les mains de Dieu auquel il avait remis son âme et son sort. Ceux qui ensevelirent le vainqueur de l'Alma, le trouvèrent revêtu du scapulaire et de la médaille miraculeuse, bouclier du serviteur de Marie.

Le nom du P. Parabère nous rappelle un épisode singulièrement touchant. Un chasseur d'Afrique attendait sur le quai le départ du navire qui devait le ramener au village ; il aperçoit un pauvre aveugle essayant de casser un vieux morceau de pain. « Ah ! ça, mon vieux, tu n'as pas l'air d'avoir un trop bon dîner. Attends-moi, nous allons trinquer ensemble et tremper une petite *popote*. Et le brave sergent s'asseoit près de l'aveugle, lui donne le meilleur de sa ration et même la petite goutte d'eau-de-vie ; puis s'armant du chapeau déformé de l'aveugle, notre charitable troupier profite du cercle de curieux qui les entoure, pour faire au profit de l'aveugle une abondante collecte. Parmi les assistants se trouvait un prêtre qui serra la main du soldat et le complimenta de sa bonne action : « Oh ! pour cela il n'y a pas de quoi, s'exclama le sergent, ça peut tout au plus compter pour mes *petits péchés* ; mais soyez tranquille, le P. Parabère a eu les gros. »

En somme, on a vu dans cette guerre de Crimée où l'armée s'est montrée si chrétienne et si brave, ce que c'est qu'un soldat qui se confesse. A Nîmes, par exemple, cinq régiments destinés à l'Orient y donnèrent l'exemple d'un élan religieux superbe et firent solennellement les exercices du Jubilé : « Dites-moi, mon brave, demandait-on à l'un des soldats, comment vous tirez-vous à la caserne des mauvais plaisants et des esprits forts ? — Moi, mon prêtre, je m'en tire : que je me moque de ceux qui se moquent de moi, et je leur donne rendez-vous-z-au feu. »

Les soirs de bataille les aumôniers étaient surtout fort occupés. Quantité d'hommes mortellement atteints, réclamaient le ministère du prêtre, ne voulant pas partir pour le grand voyage, sans avoir fait, selon l'expression pittoresque du troupier, *un nettoyage général*.

CHAPITRE III

Les Chefs.

I

1855. — Nous avons ici un général qui nous intrigue tous. J'avais résolu de savoir son histoire, et comment il est tout à coup tombé des nues sur la côte d'Alger, au moment de notre conquête. Voici ce que j'en ai appris et ça ne manque pas d'intérêt pour le soldat :

Le général de brigade *Yusuf* est né à l'Ile-d'Elbe en 1805. Fait prisonnier par un corsaire, qui s'empara du navire sur lequel il se rendait à Florence pour terminer ses études, Yusuf, encore enfant, fut vendu au bey de Tunis.

Devenu promptement le favori du prince, il employa la liberté que lui valut cette amitié, pour s'échapper de la Cour musulmane et se mettre au service de la France, dès la conquête de 1830. Sa bravoure et ses actions d'éclat le firent avancer rapidement; aujourd'hui, en 1855, il est général de brigade. Son éducation avait été musulmane; mais, en 1845, il se fit baptiser pour épouser la nièce du général Guilleminot. Sous l'influence de son excellente femme, frappé d'ailleurs de la vie et des vertus du P. François Régis, Yusuf, doué de toutes les qualités de l'esprit et du cœur, aima *vigoureusement* l'abbé de la Trappe de Staouëli et ne tarda pas à lui confier qu'il manquait quelque chose à son âme et qu'il désirait faire sa première communion. Entre sa pieuse épouse et son ami, il accomplit, avec une ferveur toute militaire, ce grand acte de la vie chrétienne et continua depuis à remplir fidèlement tous ses devoirs religieux. Avant chacune des expéditions, il arrivait à Staouëli, et confiait sa superbe monture arabe au frère trappiste en disant : « Avant de partir pour la guerre, je viens me faire cirer les bottes. » Il se confessait, communiait, puis se conduisait en héros devant l'ennemi.

Les lignes suivantes, empruntées à la *Chronique de Staouëli*, sont connues, et cependant nous ne pouvons résister au désir de les reproduire; relire de telles pages ne saurait être un ennui, ne pas les avoir lues serait un regret pour un cœur militaire et français.

« Au commencement de septembre 1853, le R. P. Régis, passant par une des rues d'Alger, fut accosté par le général Pélissier, qui lui prit rondement la main, comme d'habitude : « Ah! ça, Père, lui dit-il, nous sommes ici trois généraux de division : Canrobert, Mac-Mahon et moi, et mardi de la semaine prochaine, nous allons chez vous; d'abord pour entendre la messe à l'autel de la Sainte-Vierge, sur notre champ de bataille de 1830; et puis vous nous donnerez à déjeuner, n'est-ce pas? »

Et le jour venu, les trois généraux, trois braves qui ont forcé l'admiration de tous les partis et de tous les guerriers, entendaient la messe *à genoux sur le pavé* et communiaient à l'autel de la Sainte-Vierge. Depuis la cérémonie de la pose de la première pierre à la Trappe de Staouëli, le général Pélissier, alors chef d'état-major du maréchal Bugeaud, était en relations suivies avec le Père Abbé (1).

---

(1) Voir la fondation de ce monastère célèbre : *Vie du général de Sonis*. (Ch. d'Hallencourt.)

Pélissier, vainqueur de Sébastopol, depuis duc de Malakoff, avait une ardente dévotion en la Très Sainte-Vierge ; il ne fit pas un mystère de l'intention pieuse qui le porta à choisir le 8 septembre, fête de la Nativité de la Sainte-Vierge, pour le jour de l'assaut décisif ; comme un officieux craintif lui exprimait un certain embarras de ce qu'on en pourrait dire :

« Qu'est-ce que cela me fait? répondit Pélissier, je le dis à qui veut l'entendre ; et c'est *pour* mettre cette grande action sous la protection de la Sainte-Vierge, que j'ai *choisi* le 8 septembre. »

« C'est le lendemain de l'Assomption, écrivait-il, que j'ai battu les Russes à Traktir, et c'est le jour de la Nativité de Notre-Dame que j'ai pris Malakoff. Ainsi ce sont les bonnes prières à la Sainte-Vierge et la foi que nous y avons qui, plus que le vulgaire ne le pense, nous ont été d'un si grand secours dans ces glorieuses journées. »

Revenu victorieux, Pélissier demandait à N.-D. des Victoires une messe d'action de grâces, et rendant un éclatant hommage des succès de l'armée à la *Reine des Victoires*, dont il portait ostensiblement la médaille, il disait et écrivait : « C'est à elle que je dois tout, c'est elle qui a tout fait. »

L'amiral Hamelin, chef de la flotte de la mer Noire, fit placer solennellement, avant de partir, à bord du vaisseau amiral, *la Ville-de-Paris*, un tableau de la Sainte-Vierge, *patronne des Matelots*. Les états-majors et un détachement des bâtiments de la flotte, furent convoqués à l'inauguration solennelle ; un tableau semblable était envoyé à l'escadre de la Baltique. Les chants enthousiastes des matelots, le roulement des tambours, la voix majestueuse du canon ajoutaient à la grandeur de la cérémonie.

Un *Te Deum* d'actions de grâces fut célébré par ordre du général en chef, Pélissier. A la messe tous les régiments, « encore noirs de poudre et tout meurtris, dit le général Ambert, étaient groupés autour du prêtre pour remercier le *Dieu des armées* de la victoire qu'il avait donnée à la France... Après la messe, le *Te Deum* fut chanté dans chaque division. Au milieu du carré formé par les troupes, les officiers se tenaient réunis derrière les drapeaux qu'entouraient leurs gardes, la plupart décorés. Sur les marches de l'autel, les plus vieux soldats au port d'arme. Entre les drapeaux criblés de balles et en lambeaux, on remarquait celui du 7ᵉ de ligne, soutenu pendant le combat par quatorze officiers ou sous-officiers tués successivement en le défendant. A la fin, le colonel Decaen l'avait ramassé à terre, et avait rallié autour de ses glorieux lambeaux ses soldats vainqueurs mais décimés.

Bosquet, Canrobert, Mac-Mahon, Pélissier félicitèrent publiquement le colonel acclamé par les troupes ; quant à Decaen, il ne songe qu'à obtenir les récompenses pour ses soldats et écrit : « Je réussirai ou j'y perdrai mon nom... Sur treize décorations, il y en a eu sept pour la garde d'honneur de mon drapeau... Quant à moi, tout le monde veut que je sois général de brigade... Songe donc, officier de la Légion d'honneur au mois d'août et général au mois de septembre ! Non, ce n'est pas possible, je ne mérite pas tant de bonheur. J'ai cependant la confiance d'avoir rempli mon devoir avec dévouement et amour pour ma chère patrie, et dans l'intérêt de mes braves soldats. » Et lorsqu'il reçut le brevet de général de brigade, il disait : « Le beau côté de ma nouvelle position sera de pouvoir faire plus de bien aux braves gens qui le mériteront... Pour nous, conservons modestie, simplicité, et remercions le Ciel de ce qui nous arrive sans en tirer vanité. »

Decaen ne manquait jamais de faire célébrer la messe pour sa division. Il en écrivait ces lignes touchantes en 1859 : « Notre messe militaire s'est dite dans une mauvaise baraque, devant deux bougies, en face d'une croix de bois, avec des couvertures de campement pour tapis sur le marche-pied. Malgré cela, ce sacrifice auguste n'en est que plus imposant. Un soldat répond au prêtre ; généraux, officiers de tous grades, simples soldats, tête nue, immobiles comme à l'ombre du drapeau et courbant le front bien bas lorsque l'hostie s'élève au-dessus de tous, pour rappeler la présence du Maître du monde. Alors tout est imposant : le mystère qui a lieu sur l'autel, l'humilité de ces braves soldats couverts de poussière et d'habits troués par les balles, le piquet d'honneur, genou en terre, saluant le Dieu des armées, les tambours battant aux champs, et quelquefois, dominant tout cela, la voix tonnante du canon qui rappelle à tous leur néant, en même temps que les devoirs sacrés envers la patrie. »

L'armée de terre avait donné les mêmes exemples, la plupart se préparaient au départ comme de vrais chrétiens ; l'on se souvient encore à Lyon du passage d'un régiment de cavalerie qui se rendit tout entier, le colonel en tête, à Notre-Dame de Fourvière. La musique militaire accompagna les chants de ces braves qui apportaient le drapeau aux pieds de la Reine du ciel pour le faire bénir. Ce régiment se signala entre les autres, dans plusieurs rencontres glorieuses, en particulier à Varna. Hélas ! à peine débarquée, l'armée se trouvait en face d'un ennemi auquel nulle bravoure ne résiste.

Le général Ney-d'Elchingen fut frappé du choléra l'un des premiers. C'était un homme d'esprit et de cœur, d'un nom illustre et d'une carrière déjà glorieuse ; il ne manquait pas de présider chaque dimanche à la messe militaire. Aux premiers symptômes, le général fit appeler le

P. Gloriot, aumônier près de Gallipoli ; en le voyant entrer, il dit avec force lui tendant la main, en présence de son état-major : « Je tiens, mon Père, à ce qu'on sache que c'est moi qui vous ai fait appeler, je veux mourir en bon chrétien. » Le général se confessa.

« Après avoir reçu l'absolution, écrit le P. Gloriot, il croisa ses mains sur la poitrine, offrit à Dieu le sacrifice de sa vie, lui adressant la prière la plus touchante pour sa femme et ses enfants.

« Vous pouvez revenir dans une heure ou deux pour m'administrer, dit alors le duc. » Lorsque l'aumônier revint, le malade semblait dormir ; mais le pouls commençait à baisser et on dut le réveiller doucement ; le moribond comprit que le temps allait lui échapper et il accueillit avec bonheur la visite du prêtre. « Faites, mon Père, je suis prêt, dit-il avec calme. » Deux aides-de-camp tenaient les cierges au pied du lit, tout le monde sanglotait pendant que le prêtre récitait les prières, car le général était adoré de ses hommes auxquels il donnait l'exemple suprême. Devant la mort comme devant l'ennemi, ces grands chrétiens se souvenaient de la célèbre harangue de Bugeaud : *Regardez en avant, jamais en arrière !*

Aussi les soldats donnèrent-ils partout la même édification. Chose à peine vraisemblable, *un seul* refusa le prêtre à son lit de mort. « Toutes les fois que j'entrais, écrit le P. Gloriot, je m'entendais appeler de tous côtés : « Monsieur l'aumônier, venez à moi ; hâtez-vous, je n'ai « plus que quelques instants à vivre. » D'autres me serraient affectueusement la main et me disaient : « Que « nous sommes heureux de vous avoir au milieu de « nous ; si vous n'étiez pas là, qui nous consolerait dans « nos derniers moments ? » Quelquefois j'entendais la confession des hommes qui m'accompagnaient, en allant d'un hôpital à l'autre ; souvent, je rencontrais des officiers et des soldats qui m'attendaient le long des escaliers. Nous nous appuyions un instant sur ces mêmes escaliers, ils se mettaient à genoux et recevaient le pardon de leurs fautes. Quand ils m'apercevaient dans les rues, ils descendaient de cheval, me remerciaient affectueusement et ajoutaient presque toujours : « Surtout, si « je suis atteint, ne manquez pas de vous rendre au pre- « mier appel. » Tous les soirs nous avions une cérémonie pour l'enterrement des officiers. Un jour que j'avais sous les yeux sept ou huit bières et autour de moi l'état-major de tous les régiments, je demande la permission d'ajouter quelques paroles. Debout sur une tombe, je parlai pendant une heure ; jamais je n'avais contemplé de spectacle plus émouvant ; je voyais de grosses larmes rouler dans les yeux de ces braves : autour de moi, je n'entendais que des sanglots. »

II

La Providence n'a pas manqué d'intervenir plus d'une fois pour couvrir les héros chrétiens de sa protection visible. C'est par là que je commence mes *souvenirs,* maintenant que j'ai quitté la presqu'île Russe. Nous avons été tellement ballottés de côté et d'autre, que j'écris sans ordre de date les histoires les plus intéressantes ; ce n'est pas que je puisse jamais les oublier, mais quelque jour un ami trouvera ces notes et verra que j'ai raison d'aimer la compagnie des soldats chrétiens, et de garder mémoire des choses qui leur ont réussi dans ce monde en attendant l'autre récompense qui ne peut leur échapper !

J'ai rencontré, dans je ne sais plus quel bouquin, un récit curieux de la bataille de Vouillé. C'est, comme tout le monde sait, la fameuse victoire remportée par Clovis sur Alaric dans les plaines de Poitiers, en 507, et dont le fruit devait être l'occupation immédiate par les Francs des trois Aquitaines, et la fondation définitive du royaume *très chrétien : de la France !*

« Le roi des Goths, Alaric, dit la chronique, harangua brièvement ses troupes : Vos pères, s'écria-t-il, ont vaincu les Romains. Ce ne sera qu'un jeu pour vous de mettre en fuite une poignée de Francs !

« Clovis, au contraire, fort de la protection du Christ, parcourait les rangs de son armée, distribuait les postes, exhortait les plus vaillants à se montrer dignes de leur passé et les plus jeunes à égaler les vétérans. Il recommandait surtout de ne pas se laisser emporter par une trop grande impétuosité et d'attendre le signal pour agir tous ensemble. Enfin, après avoir invoqué saint Pierre et saint Martin, appuyé sur sa lance, il se retourna vers les Francs, *fit le signe de la croix sur l'armée* et s'écria : « *En avant, au nom du Seigneur !* »

On sait le reste, et comment le Dieu des armées exauça la prière des Francs et de son pieux roi !

Ils sont nombreux les chefs français qui, devant l'ennemi comme au foyer domestique, ont donné à leurs soldats l'exemple de la prière, en particulier de leur dévotion au *signe de la croix* ; de cette croix rédemptrice qui a terrassé l'ennemi du genre humain, et qui domine le monde civilisé, malgré la rage des impies ou la haine des persécuteurs.

En 1859, l'histoire de la guerre d'Italie nous apprend

que l'escadron de Sonis fut désigné pour commencer la charge héroïque à Solférino. M. de Baillœul, témoin oculaire et acteur lui-même dans ce terrible drame, a raconté qu'au moment de lancer son escadron, le capitaine, d'un geste prompt comme l'éclair, passant son sabre dans la main gauche, fit de la main droite un signe de croix et s'écriant : *En avant!* il partit à la tête de ses hommes ! — Revenu sain et sauf de cette sanglante journée, il écrivait à Mme de Sonis : « Je m'étais recommandé de toute mon âme à Dieu et à Marie auxquels je vous avais confiée, ma bien-aimée, vous et nos enfants ! »

Dans la guerre de la Vendée, on sait que partout où il était possible, en se cachant, les braves paysans soldats entendaient la messe au péril de leur vie. Rarement ils commençaient le feu sans faire le signe de la croix. Les chefs leur en donnaient l'exemple.

Au combat de Fontenay, les Bleus étaient dix mille contre une poignée de Vendéens. Quarante pièces de canon rangées en bataille devant la ville. Les Vendéens reçurent tous l'absolution avant le combat : « Allons reprendre Marie-Jeanne (pièce de canon chère à l'armée), » à coups de bâton à qui courra le plus vite.

M. de Lescure, qui commandait l'aile gauche, s'aperçut d'une hésitation ; il s'élance en avant à quarante pas de sa troupe ; six coups de canon à mitraille dirigés sur lui seul ne l'atteignent pas ! il se retourne en criant : « Mes enfants, vous le voyez, les Bleus ne savent pas tirer, en avant ! » Les soldats transportés s'élancèrent si vite que M. de Lescure dut prendre le grand trot pour rester à leur tête. Dans ce moment, les paysans apercevant une croix de mission se mirent à genoux alentour quoique à portée du canon ; il passa au-dessus d'eux plus de trente boulets. Dans cet endroit, il n'y avait que MM. de Lescure et de

Baugé à cheval. Celui-ci dit à M. de Lescure de faire avancer les soldats ; il lui répondit tranquillement : « Laissez-les prier Dieu. » Enfin, ils se relevèrent et coururent sur les ennemis... Les Bleus furent vaincus et M. de Lescure entra le premier dans la ville.

Nous remontions la Tamise en 1882, à bord du steamer *Duc-de-Clarence* pour nous rendre à Hampton-Court, autrefois le somptueux palais du cardinal Wolsey. Je me trouvais assis sur le pont à côté d'un lieutenant-colonel en retraite. Nous causâmes, et bientôt la conversation tourna sur des sujets religieux, comme c'est ordinairement le cas avec des Anglais.

Je fus amené, je ne sais comment, à citer le fait ci-dessus.

« Ah ! me dit le vieux soldat, je suis protestant, mais j'aime ça. Ecoutez, je vais à mon tour, à propos du signe de la croix, vous raconter un trait qui vous intéressera.

« J'étais sur les lieux quand ce que je vais vous dire s'est passé ; tous les soldats en furent frappés et émus, je vous l'assure.

« En 1880, nous faisions la guerre sur les frontières de l'Afghanistan. C'était une entreprise pleine de périls : le pays est montagneux ; les seules routes sont toujours au fond de gorges profondes ou de défilés étroits. Une armée y serait facilement anéantie si l'ennemi occupait les hauteurs et les débouchés. De plus, les indigènes avaient eu la ruse de se déguiser en soldats anglais ; de sorte qu'à une certaine distance, l'uniforme ne servait plus à distinguer l'ami de l'adversaire.

« Nous arrivâmes un jour avec mon régiment à l'entrée d'un défilé, long de plusieurs milles.

« Nous savions qu'à l'extrémité opposée se trouvaient les Connaught Rangers, et nous désirions effectuer une jonction avec ce corps afin de concentrer nos forces.

LE SIGNE DE LA CROIX.

« A la garde de Dieu, je suis prêt. »

« C'était une opération difficile et surtout dangereuse, car les Connaught Rangers ignoraient notre présence dans le voisinage, et nous ne connaissions ni leur mot d'ordre, ni leur signe de reconnaissance. Avancer, c'était nous exposer à être reçus par une vive fusillade, sous l'impression que nous étions des ennemis déguisés.

« Le colonel ordonna de faire halte. Il parla à ses hommes en ces termes : « Nous sommes dans une position périlleuse : l'ennemi nous entoure avec des forces supérieures ; notre seul moyen de salut est de nous joindre aux Connaught Rangers. Il faut avant tout les instruire de notre présence, car n'ayant ni leur mot d'ordre, ni leur signe de reconnaissance, nous risquons de ne pouvoir les approcher assez pour être reconnus. Y a-t-il ici un homme de bonne volonté, qui veuille exposer sa vie pour sauver le régiment ?

« Un jeune soldat irlandais sortit des rangs : « Colonel, dit-il, me voici, que faut-il faire ? »

« Chercher à approcher les Connaught pour remettre cette lettre à leur colonel. Réfléchissez ; je ne puis vous dissimuler combien sont grands les dangers que vous allez courir.

« A la garde de Dieu, colonel ; je suis prêt ! » dit le brave jeune homme.

« Nous le vîmes partir et s'enfoncer dans la gorge, où, selon toutes les probabilités, la mort l'attendait. Il tenait à la main ses *beards* (son chapelet), et il nous dit plus tard qu'il récitait en marchant les prières pour les mourants.

« Arrivé à un brusque détour de la route, il fut tout à coup arrêté par le son d'une voix venant d'assez loin. Il leva la tête : il vit alors du haut d'un rocher une sentinelle anglaise qui le couchait en joue en criant : « Halte !

qui êtes-vous ? — Ami ! — Montrez le signe à l'instant, ou je fais feu ! »

« Le pauvre soldat, ignorant le signe, se vit perdu. Il dit comme dernière prière : Mon Dieu recevez mon âme ! puis il fit le signe de la croix en prononçant distinctement les mots.

« Aussitôt la sentinelle relève son arme, en disant : « Avancez ! vous êtes un ami ! »

« Le colonel des Connaught Rángers, qui était catholique, avait précisément, ce jour-là, donné à son régiment pour marque de reconnaissance le signe de la croix, et pour mot d'ordre les paroles qui l'accompagnent. »

CHAPITRE IV

L'élan des Braves! La Récompense!

I

« Tout arrive », disait Talleyrand. Je dirai : « Tout se dit. » N'a-t-on pas entendu des gens nous assurer que les vauriens aussi, sont braves et vainqueurs! Comme si on ne le savait pas! et comme si c'était une preuve contre les bons! D'ailleurs, les mauvais peuvent faire, et plusieurs ont fait des actions éclatantes, personne ne le nie; mais leur vie ne se soutient pas; leur courage est de courte durée, il est de certains jours, et on en a promptement trouvé le bout. Enfin, et toujours, leur mort est bien différente de celle du chrétien; par exemple, entre tous les généraux de l'Empire, la fin du maréchal Lannes, duc de Montebello, attriste le cœur. Il avait été élevé dans la plus complète ignorance et indifférence de la religion; à ses derniers jours, ce héros des batailles faisant de vains efforts pour se rattacher à la terre, ne cessait d'appeler l'empereur! « Ce pauvre Lannes, écrit « Napoléon *(Mémorial de Sainte-Hélène)* me demandait « à chaque instant, il se cramponnait à moi de tout le « reste de sa vie, il ne voulait que moi, ne pensait qu'à « moi... J'étais, pour lui, quelque chose de vague, de « supérieur; j'étais sa providence, il m'implorait! »

« Que de pensées douloureuses éveille ce passage!

Quel spectacle navrant que celui d'un si grand cœur, si vaillant et si fort, luttant avec cette énergie contre la mort... ne pouvant se décider à mourir ! (1) » parce qu'il ignore qu'il est d'autres espérances !

Bossuet donne une solution plus haute à cette proposition : « Les impies sont aussi vainqueurs. »

« C'est de Dieu, dit-il, que viennent ces dons, et ils sont admirables ; qui ne le voit pas ? Mais pour confondre l'esprit humain qui s'enorgueillit de tels dons, Dieu ne craint pas d'en faire part à ses ennemis. Saint Augustin considère parmi les païens tant de sages, tant de conquérants, tant de graves législateurs, tant d'excellents citoyens... tous privés de la connaissance de Dieu et exclus de son royaume éternel... Mais pourquoi les a-t-il faits, et quels étaient les desseins particuliers de cette sagesse profonde, qui jamais ne fait rien en vain ? Ecoutez la réponse de saint Augustin : « Il les a faits, nous dit-il, pour orner le siècle présent... » Il leur donne pour récompense l'empire du monde, comme un présent de nul prix... il leur donne pour récompense la gloire des hommes !...

« Venez, rassasiez-vous, grands de la terre ; saisissez-vous, si vous pouvez, de ce fantôme de gloire, à l'exemple de ces grands hommes que vous admirez. Dieu qui punit leur orgueil dans les enfers, ne leur a pas envié cette gloire tant désirée, et « vains, ils ont reçu une récompense aussi vaine que leurs désirs. »

Pour trouver un mobile assez puissant et qui entretienne le feu sacré dans les cœurs militaires, il faut le chercher dans *l'espérance chrétienne* qui donne l'amour du devoir jusqu'au sacrifice.

Qu'attendent-ils, ces héros obscurs ? et quel pouvoir

(1) *La France héroïque* (B. Bouniol).

humain peut atteindre dans sa générosité chacun des soldats qui, dans une armée de 80,000, de 200,000 hommes et plus, se dévouent jusqu'à la mort? Les faveurs humaines sont nécessairement limitées, à la guerre elles le sont plus qu'ailleurs.

« Non, mon colonel, merci ; mais *on ne va pas là pour de l'argent,* pas même pour la richesse ! » répondait noblement un pauvre laboureur, à l'officier qui lui offrait une somme considérable après un acte de bravoure. Et en cela il exprimait, sans y penser, les sentiments de tous les *braves :* non, on ne quitte pas son pays, sa famille, on n'affronte pas les maladies, la mitraille pour une fortune terrestre ; il faut un autre espoir : *l'assurance d'une vie meilleure.*

« Nous sommes tous chrétiens, disait encore un zouave. Nous croyons à Dieu et à la religion, sans cela nous ne serions pas si braves ; car *je défie celui qui n'espère pas en Dieu de se battre avec ardeur ;* il a trop peur de l'enfer. Eh bien ! puisque nous croyons tous, nous ne devons pas avoir de respect humain, il faut que cela cesse ou ce serait de la lâcheté ! »

Quelques étourdis, cependant, se permettent parfois de petits écarts ; l'on entendait, par exemple, deux jeunes gens auxquels on indiquait la tente de l'aumônier répondre en riant : « Oh ! l'aumônier, nous nous en passons bien ! » A quelques heures de là, l'un d'eux, atteint du choléra, faisait appeler en toute hâte le prêtre consolateur, « s'estimant heureux de trouver un aumônier sur la terre étrangère. »

Oui, nous attendons avec la *certitude* de l'Espérance, vertu chrétienne par excellence, cette *vie immortelle* et *bienheureuse,* où chaque douleur sera récompensée par une joie, chaque blessure par un rayon de gloire, chaque victoire par une couronne.

L'immortalité de l'âme, elle a été crue par *tous les peuples* civilisés, même païens ; et pour flétrir la barbarie des Lombards païens, on a écrit d'eux : « Ils ne croyaient même pas à l'immortalité de l'âme. » — Hélas ! voilà pourtant où l'on revient parfois dans notre France. — La mythologie entière est fondée sur cette croyance : les Champs-Elysées sont la demeure des justes, car les supplices variés d'Ixion, de Tantale et des autres sont la punition des criminels, même chez les païens.

Le seul point de notre symbole qui révoltait leur sens naturel était la résurrection *des corps*... Ils savaient que les restes de l'homme s'évaporent et deviennent ce je ne sais quoi qui n'a plus de nom dans aucune langue, ils criaient donc à l'absurde contre les chrétiens... tandis que eux, pour affirmer ce dogme, mouraient dans les amphithéâtres.

Saint Justin, d'abord philosophe païen, trouve dans les écrits de leurs poètes, les vestiges parfaitement reconnaissables de la croyance à un jugement final et à la résurrection des morts. « Crois-tu donc, demande Polémon, que ces voluptueux efféminés dont la vie s'est écoulée dans la mollesse, soient tout entiers renfermés avec leurs cendres dans le sépulcre, et qu'après avoir trompé Dieu ici-bas, ils éviteront ailleurs sa vengeance? Non, la justice immortelle a un œil qui voit tout. Si le même sort attend le juste et l'impie au tombeau, qui t'arrête ?

« Va, pille, égorge ; mêle la ruse au crime ; mais ne t'y trompe pas : il y a une justice aux enfers ; le Dieu souverain sera notre juge ; ce Dieu dont je ne puis prononcer le nom formidable. »

« Nous savons, écrit Sophocle, que deux routes conduisent aux *enfers*, l'une réservée aux criminels, l'autre aux mortels vertueux. »

« Ainsi, » dit Mgr Freppel, « le dogme de l'unité de Dieu, altéré, travesti, défiguré, se maintenait néanmoins comme un souvenir affaibli, un écho lointain, un débris immortel de la religion primitive du genre humain. »

« Dieu *peut* ressusciter les corps, car il connaissait les éléments et les principes des corps avant leur union, il saura les distinguer après leur séparation. — Dieu ne manque pas de puissance : car la résurrection n'en demande pas plus que la création... Les éléments qui se transforment chaque jour sous nos yeux ne sont pas pour cela anéantis ; leur reconstitution n'offre pas plus d'impossibilité que leurs métamorphoses quotidiennes.

« Dieu *veut* ressusciter le corps, afin de lui donner une plus haute destinée que celle de toutes les autres créatures... afin que par le vêtement de la gloire il reçoive un surcroit d'honneur.

« Dans son *amour pour l'homme,* Dieu l'a créé afin qu'il fût *heureux éternellement* et comme le chef-d'œuvre de ses mains. Cette divine économie ayant été bouleversée par le péché, n'a pas été détruite ; et après la mort, qui en est le châtiment, l'homme doit ressusciter et retrouver sa *nature.* Or, la nature de l'homme n'est pas d'être un pur esprit, il est composé *d'une âme et d'un corps ;* par conséquent, l'âme étant immortelle, il faut que le corps ressuscite pour participer à son immortalité ; sinon, l'harmonie de son être serait rompue à jamais.

De plus, il faut que l'homme *tout entier* soit jugé, puni ou récompensé, parce que le bien et le mal, non moins que les lois, embrassent tout l'homme, c'est-à-dire le corps et l'âme. »

Origène, dans son *Traité de la Résurrection,* en parlant des martyrs, écrit : « Ne serait-il point absurde que ce corps couvert de cicatrices pour le nom de J.-C., ce corps qui a subi avec l'âme les tortures des bourreaux, de la prison, des chaînes, des fouets plombés ; ce corps qui fut livré aux flammes, déchiré par les ongles de fer, broyé sous la dent des bêtes, cloué sanglant à une croix, fût en définitive privé de récompense après tant de glorieux combats ? L'âme n'a pas lutté seule, serait-elle seule couronnée ? Ce vase fragile du corps, humble instrument qui s'est sacrifié dans la communauté du martyre, n'aurait point sa part dans les lauriers de la victoire ? Cela est contre la raison... Dans la lutte de la vertu, c'est le corps qui a le plus souffert en immolant ses instincts naturels, ses passions innées ; et quand l'heure de la récompense sera venue, le corps demeurerait dans sa froide poussière, l'âme seule serait couronnée ? Non, ce serait là une injustice qui, par rapport à Dieu, constitue une impossibilité. »

Cette attente certaine d'une récompense qui ne peut lui échapper, d'une récompense où le nombre des concurrents n'est point un obstacle mais une gloire de plus, d'une récompense aussi infinie dans son objet que dans sa durée, est le puissant levier qui soulève le chrétien et l'anime à tous les combats.

Saint Basile prêche éloquemment la lutte vigoureuse, incessante, du bien contre le mal, de la vérité contre l'erreur, de la charité contre l'indifférence, de la charité contre l'égoïsme. « Soldats de Jésus-Christ, dit-il, ne vous étonnez pas si je vous annonce des luttes, des périls, de dures travaux ; nul ne sera couronné s'il n'a généreusement combattu ! »

Cette attente certaine d'une vie qui réunira tous les élus, et mettra un terme à la séparation imposée par la mort, console les survivants de la disparition prématurée d'un père, d'un époux, d'un fils ou d'un frère.

« Hélas ! s'écriait avec douleur saint Grégoire à la

LA RÉCOMPENSE.

« Pour chaque blessure, un rayon de gloire. »

mort de son ami, la meilleure partie de moi-même m'a été ravie ! Combien de temps se prolongera ma séparation, mon exil ? Mais, que dis-je ? il ne nous a quittés que pour nous être plus inséparablement uni, et bientôt, oui bientôt, nous nous retrouverons pour ne plus nous quitter... »

Quelle noblesse dans toute la conduite du guerrier qui agit pour Dieu et l'éternité ! Et cependant, il y a beaucoup de danger à laisser croire aux hommes que la vertu ne sera récompensée et le vice puni que dans l'autre vie... L'homme est si distrait, si dépendant des objets qui le frappent, si dominé par ses passions, que nous voyons tous les jours le croyant le plus sincère, braver les tourments de la vie future pour le plus misérable plaisir. — Ce ne sont pas les noms de ces tristes chrétiens qui sont devenus illustres !

« Sire, disait un grand maréchal de France à Louis XIV, malgré toute votre puissance, vous ne sauriez me causer une disgrâce qui me donnât plus d'un quart d'heure de chagrin.

« Et comment cela ? répliqua le roi.

« Sire, c'est que j'agis par devoir. »

Agir en conscience, par devoir et pour Dieu, est encore même humainement parlant, la meilleure manière de faire certainement son chemin ; que s'il est barré par la mauvaise volonté persistante des ennemis de Dieu et du bien, il est mille fois plus glorieux de partager le malheur de ses amis ici-bas et d'être associé là haut à leur récompense, que de posséder la terre avec ses ennemis.

« Si la trentième injustice ou le cinquantième dégoût m'eussent arrêté un instant, je ne serais pas devenu maréchal de France, » disait d'Estrées.

« Nous ne sommes pas encore embarqués, écrivait un capitaine à sa femme, mais je veux causer avec toi dès ce soir. Je te le répète, je vais au combat avec confiance, j'y ferai mon devoir, confiant dans tes prières ; si je succombe, ce sera du moins avec l'espoir de *nous retrouver un jour*. J'espère que Dieu permettra que nous nous revoyions dans ce monde, mais n'en disons pas moins : « Que sa sainte volonté soit faite et son nom toujours béni. »

Saint Barnard remplissait avec exactitude à l'armée de Charlemagne tous les devoirs de son état. Il se distingua dans la guerre contre les Saxons. Il fut charmé de la discipline qui régnait dans l'armée et de la manière dont les lois de Dieu y étaient observées. Il admirait en particulier l'héroïsme que la foi inspirait aux soldats pour supporter toutes les privations. Souvent, pendant l'hiver, le camp était inondé par la pluie et les tentes couvertes de neige, de sorte que l'on trouvait les sentinelles à demi mortes, mais gardant leurs postes et l'attitude de leur consigne. « Hélas ! si l'on faisait pour Dieu une faible partie de ce qu'on fait pour les hommes ! disait alors Barnard. » Parole toute semblable à celle du général de Sonis après Solférino ! car la même religion inspire les mêmes vertus !

— D'autres fois il se mêlait aux groupes des soldats blessés ou bien à ceux des officiers infirmes avant l'âge par le dévouement et la bravoure de leurs services, et leur disait aimablement : « Sans doute il est juste et glorieux de marcher sous la conduite d'un grand prince ; mais avouez qu'il vaut encore mieux servir un maître à qui rien n'échappe, qui récompense éternellement le moindre de ses soldats et rend leur mémoire immortelle ! »

Aussi héroïques encore furent les sentiments des braves de notre temps, victimes des crimes de nos aïeux :

M. de Bonchamps (1), sollicité par les Vendéens de Saint-Florent de se mettre à leur tête, n'avait accepté qu'à la condition absolue qu'on éviterait toute cruauté et toutes représailles durant la guerre. Mme de Bonchamps écrit dans ses mémoires qu'il lui fit ainsi ses adieux : « Armez-vous de courage, redoublez de patience et de résignation,... nous ne devons point aspirer aux récompenses de la terre, elles seraient au-dessous de la pureté de nos motifs et de la sainteté de notre cause. Nous verrons brûler nos châteaux ; nous serons proscrits, dépouillés, outragés, calomniés et peut-être immolés. Remercions Dieu de nous accorder ces lumières, puisque cette prévoyance, en augmentant le mérite de nos actions, nous fera jouir par avance de l'espoir céleste, que doivent donner la constance inébranlable dans les périls et le véritable héroïsme dans les revers.

« Enfin, élevons nos âmes et toutes nos pensées vers le ciel ; c'est là que nous trouverons un guide qui ne peut nous égarer, une force que rien ne saurait ébranler et un prix infini pour les travaux d'un moment. »

(1) *Histoire de la guerre de la Vendée.*

CHAPITRE V

Notre-Dame de France.

I

Je viens de faire le plus beau de tous les voyages à travers la pittoresque Auvergne; mais ce ne sont pas les magnificences des montagnes que je veux consigner ici. J'ai visité *Notre-Dame de France*; et là, mon cœur de soldat chrétien a battu à rompre ma poitrine, devant la statue gigantesque de 16 mètres de haut, qui, placée à 700 mètres au-dessus de la ville, rappelle tant de souvenirs.

L'église du Puy a été fondée par saint Georges, disciple de saint Pierre, et suivant la pieuse tradition du pays les anges consacrèrent eux-mêmes le premier temple sur l'emplacement duquel a été bâtie la cathédrale, l'une des plus belles de la France. La ville du Puy partage avec les sanctuaires de Chartres et de Rocamadour, la gloire d'avoir rendu en Gaule le premier culte à la Très Sainte Vierge. C'est de Notre-Dame du Puy, et du jour de l'Assomption, qu'est datée la bulle de saint Urbain II, pour la convocation des princes et des peuples à la première croisade. C'est le célèbre évêque du Puy, Adhémar de Monteil, légat du Saint-Siège, qui composa l'admirable prière *Salve Regina,* devenu le cri de foi, d'espérance et d'amour de toute l'Eglise vers la céleste libératrice. Duguesclin, Jeanne d'Arc avaient mis leur épée sous la protection et pour ainsi dire *dans la main* de Notre-Dame du Puy.

Avant de rendre au grand roi saint Louis la liberté qu'il avait perdue à Damiette, le soudan voulant témoigner le respect, la vénération des Musulmans qui n'avaient « jamais vu d'aussi fier chrétien » lui offrit d'emporter celui de ses trésors qui lui serait le plus agréable. Le saint roi jeta les yeux sur une statuette de la Sainte Vierge en bois de cèdre, d'ébène ou de sétim, que les orientaux croyaient été l'œuvre du prophète Jérémie. Il porta cette précieuse statuette à l'église du Puy pour y être honorée, et la reine Marguerite déposa sa couronne aux pieds de l'autel. Les pèlerinages et les solennels hommages entourèrent la Vierge du Puy jusqu'à l'époque de la tourmente révolutionnaire, où les ennemis de Dieu traînèrent au bûcher la miraculeuse image, avec les vases sacrés et les reliques des saints.

Mais le triomphe du mal est de courte durée ; dès l'an 1796, le culte de Notre-Dame était rétabli, une statuette en tout semblable à celle de saint Louis, dominait l'autel purifié, et le couronnement de la Sainte Vierge en 1864, fut accompagné de solennités incomparables. Toutefois le zèle des enfants de Dieu ne s'arrête pas ; ils veulent que la *Reine de la France* reçoive un trône plus élevé, que son regard domine en quelque sorte la patrie tout entière. Cinquante-trois artistes sont à l'œuvre, et proposent un modèle pour la statue colossale, qu'il s'agit de placer au sommet du piédestal majestueux qui domine la cité.

En peu de jours la souscription nationale s'élève à 300,000 francs ; mais le bronze, où le trouver? Pélissier écrit, le 5 septembre, de Sébastopol : « Demandez à l'empereur les canons ennemis, nous les prendrons ! »

Le 8, nous étions vainqueurs, et quelques mois après,

deux cent treize canons représentant cent cinquante mille kilogrammes de fonte, étaient mis à la disposition de l'évêque.

La Russie schismatique offrait ainsi à la Très Sainte Vierge le métal de la statue, qui porte le nom de *Notre-Dame de France!* Cette œuvre magnifique représente l'Enfant-Jésus sur les bras de sa sainte mère, il étend sur le Puy et sur la France sa main bénissante ; et semble se pencher en avant, comme pour se porter au loin vers la nation encore éloignée de l'unité catholique, mais que son amour pour la Très Sainte Vierge ramènera un jour au bercail.

II

Paris, le 8 décembre 1893.

Vive Notre-Dame! Je ne savais pas être si bon prophète en entrevoyant pour la Russie l'aurore d'un retour! J'apprends qu'avant de reprendre le chemin de Pétersbourg, le délégué du Czar a visité Lourdes!...

La *Semaine religieuse* de Paris, du 28 octobre, a publié les détails suivants que j'abrège un peu :

Plusieurs journaux ont assuré que l'empereur de Russie a choisi le 13 octobre pour l'arrivée de la flotte à Toulon, parce que la fête du *Patronage de la Sainte-Vierge* est célébrée à cette date dans toute la Russie. Nous aimons à saluer dans cette pieuse pensée un gage pour l'avenir religieux de la grande nation; en tout cas, quelle qu'ait été l'intention du Czar, il est consolant de constater une double coïncidence providentielle :

« Arrivés en France le 13 octobre, les officiers de la

marine russe, ont appris que le 29, fête du *Patronage de la Sainte-Vierge* en France, S. Em. le Cardinal-Archevêque de Paris, ordonnait un *Te Deum* solennel dans l'église du Sacré-Cœur de Montmartre, pour remercier Dieu et la *Reine de la France* de l'heureuse union des deux peuples. Le même jour se célébrait encore la fête de *Notre-Dame des Victoires*. Daigne la toute-puissante Vierge Marie assurer à ceux qui la prient le bienfait d'une paix durable ! »

Le *Gaulois* a publié une foule de détails pleins d'intérêt sur la vénération des Russes pour les *icones* (images) des saints et surtout pour celles de la Sainte Vierge, qu'ils placent à plusieurs endroits des navires et auxquelles ils rendent publiquement leurs hommages.

« Rien d'émouvant, dit le numéro du 16 octobre, comme le spectacle auquel ont assisté ce matin les journalistes admis sur le *Pamiat-Azowa*, pendant la célébration de la messe.

« La chapelle est installée dans la batterie arrière entre deux énormes canons ; l'autel, formé par une poutre pleine, sobrement décoré d'arabesques. De chaque côté une *icone*, la Vierge Marie portant l'Enfant-Jésus montrant les Ecritures, est appendue. Des flambeaux brûlent devant les saintes images. Les matelots viennent s'incliner, font le signe de la croix. Beaucoup déposent des cierges destinés à brûler devant les icones. Une batterie de tambours, un son grave de clairon : tout le monde, sur le pont, se découvre.

« Puis on descend à la chapelle. Le commandant y arrive et prend place. En arrière sont les officiers, puis l'équipage où tous les types russes se rencontrent.

« La ferveur est grande parmi cette foule qui se masse.

« A côté du sanctuaire se tient le chœur : douze marins, dont la voix grave et mélancolique pleine de

NOTRE-DAME DE FRANCE.

« O Reine de la France, bénissez l'union des deux peuples. »

majesté s'élève et paraît provenir d'orgues lointaines.

« Dans le sanctuaire, encore fermé, la voix du prêtre s'élève, une voix de basse admirablement timbrée. Le chœur, auquel se mêlent les voix de l'équipage et celles des officiers, répond.

« Cette cérémonie est d'une grandeur étrange et saisissante.

« Pendant l'office, les têtes s'inclinent, les signes de croix sont fréquents et répétés. De temps en temps, un matelot, pieds nus, vient du poste, où il était de garde, et ajoute un nouveau cierge à ceux qui sont déjà posés devant les icones.

« L'office est fini sur le pont où tout le monde est monté. Le tambour et le clairon donnent encore une note presque douloureuse. Tout le monde salue et s'incline. »

Le 28 octobre, le même correspondant écrit : « L'escadre Russe appareillera demain pour les îles d'Hyères...

« En attendant l'heure du départ, les marins russes continuent à fraterniser avec la population toulonnaise, et le bal offert, cet après-midi, par les officiers de l'escadre, à bord du *Rynda* et du *Pamiat-Azowa*, réunis par un pont couvert, a dépassé tout ce qu'on pouvait rêver en luxueuse originalité, en somptueux déploiement de fleurs rares, de trophées russes français, de brillants uniformes, de resplendissantes toilettes.

« Mais une scène touchante entre toutes attendait les invités. Au coucher du soleil, voici que les sonneries retentissent, et, à ce signal, les équipages se massent sur le gaillard d'avant, jusque dans les batteries, où les danses sont les plus animées.

« Tout à coup, chacun s'arrête, un grand silence se fait, les couleurs sont amenées et, tête nue, les braves marins récitent la prière du soir.

« Les femmes se signent et, dans une religieuse

émotion, chacun s'associe respectueusement à cette imposante manifestation de foi. L'impression est profonde, empoignante, et maints jolis yeux se mouillent d'émotion. Quelles leçons nous donne ce peuple ! »

Souvenez-vous, *ô Reine de la France,* des exemples publics donnés à notre patrie, en ce moment si déchue de sa grandeur ! La Russie vénère à genoux vos saintes images ; ô vous, notre avocate, tournez vers elle vos yeux pleins de miséricorde, montrez-lui Jésus, toujours vivant dans son Eglise !

Abaissez aussi vos regards sur la France, *votre royaume ;* bénissez l'union des deux peuples, pour le triomphe du règne de Jésus-Christ et la grandeur chrétienne de notre Patrie !

TABLE DES MATIÈRES

		Pages.
Chapitre	Ier. — Les Patrons de l'armée.	7
—	II. — Soldats français, émules des martyrs	25
—	III. — « Mort au champ d'honneur ! »	35
—	IV. — L'Immortalité dans la mort.	47
—	V. — Le fléau et l'expiation.	63
—	VI. — Roumiaken. — La messe au camp.	73
—	VII. — Sur le rempart de Sedan.	83
—	VIII. — « Au Drapeau ! ».	91
—	IX. — Courage et Sacrifice.	105
—	X. — Les Ennemis.	115
—	XI. — Les Ennemis (suite).	135
—	XII. — Les lâches. — Le *Sage de la Grande Armée*	147
—	XIII. — Défendus par les ennemis.	167

DEUXIÈME PARTIE

Souvenirs.

Chapitre	Ier. — En bonne compagnie. — Les enfants. — L'âme de la Patrie.	179
—	II. — Les Camarades : au danger, à la maladie, à la mort	191
—	III. — Les chefs.	205
—	IV. — L'élan des braves ! — La Récompense !	219
—	V. — Notre-Dame de France.	229

Abbeville, imp. C. Paillart, Éditeur des *Brochures illustrées de Propagande Catholique.*

www.ingramcontent.com/pod-product-compliance
Lightning Source LLC
Chambersburg PA
CBHW071932160426
43198CB00011B/1362